Gordon MacDonald · Für meine Freunde

SCM

Stiftung Christliche Medien

SCM R.Brockhaus ist ein Imprint der SCM Verlagsgruppe, die zur Stiftung Christliche Medien gehört, einer gemeinnützigen Stiftung, die sich für die Förderung und Verbreitung christlicher Bücher, Zeitschriften, Filme und Musik einsetzt.

Edition
AufAtmen
Herausgeber: Ulrich Eggers

MIX
Papier aus verantwortungsvollen Quellen
FSC® C014496
FSC
www.fsc.org

Max-Eyth-Straße 41 · 71088 Holzgerlingen
Internet: www.scm-brockhaus.de; E-Mail: info@scm-brockhaus.de

Umschlaggestaltung: Patrick Horlacher, Stuttgart
Titelbild: © Birgit-Cathrin Duval
Satz: Christoph Möller, Hattingen
Druck und Verarbeitung: GGP Media GmbH, Pößneck
Gedruckt in Deutschland
ISBN 978-3-417-26870-6
Bestell-Nr. 226.870

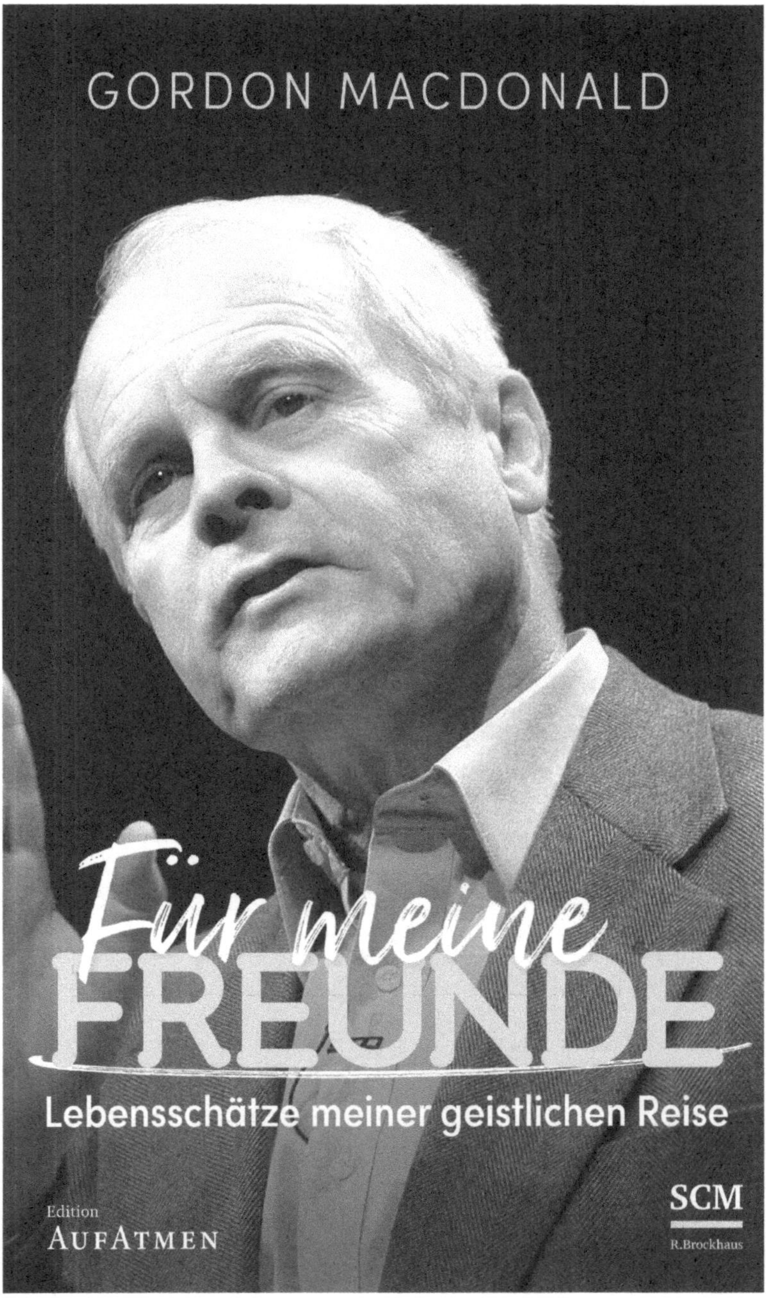
GORDON MACDONALD
Für meine
FREUNDE
Lebensschätze meiner geistlichen Reise
Edition
AufAtmen
SCM
R.Brockhaus

Textnachweise

Teil 1: übersetzt aus dem amerikanischen Englisch
von Heide Müller;

„13 Jahre später“ von Tabea Gawor

Teil 2: übersetzt aus dem amerikanischen Englisch
von Uli Eggers

Die Texte in Teil 1 wurden exklusiv für dieses Buch verfasst.

Die Texte in Teil 2 entstammen folgenden Quellen:

Kapitel 1: AUFATMEN 1/13

Kapitel 2: AUFATMEN 3/06

Kapitel 3: AUFATMEN 1/08

Kapitel 4: basierend auf einem Vortrag bei der Dünenhof-Begegnungstagung Oktober 2017

Kapitel 5: AUFATMEN 3/15

Kapitel 6: AUFATMEN 4/13

Kapitel 7: AUFATMEN 4/04

Kapitel 8: basierend auf einem Vortrag beim Willow Leitungskongress 2005 in Stuttgart

Kapitel 9: basierend auf einem Vortrag beim Willow Leitungskongress 2005 in Stuttgart

Inhalt

Was hinter diesem Buch steht. Ein Freundeswort gen Westen Vorwort von Uli Eggers

Uli und Gordon in Aktion

Erste Eindrücke

Ein Amerikaner schreibt ein Buch für seine Freunde im deutschsprachigen Europa – wie kann das sein? Woher kommen so viele Freunde, dass ein Buch für sie (und hoffentlich viele andere, die diesen ungewöhnlichen Pastor, Autor und Menschen noch kennenlernen dürfen …) sich lohnt? Und warum gerade dieser Gordon MacDonald? Was macht ihn zu einer Person, der sich offensichtlich viele Christen hierzulande nahe fühlen, von dem sie sich verstanden wissen, inspiriert und geistlich ermutigt?

Meine persönliche Geschichte mit ihm begann mit seinem in den USA schier sagenhaften Ruf: Im christlichen Leitmagazin »Christianity Today« las ich ständig von ihm, im »Leadership Journal« war er Autor, auf den großen Studentenkonferenzen wie der Urbana und anderen großen Kongressen war bzw. ist er Sprecher. Begonnen hat diese ungewöhnliche Rolle mit einer heftigen Lebenskrise als Ehemann und Pastor, aus der Bücher entstanden, die sich in Übersetzungen rund um die Welt verbreiteten. Besonders der Weltbestseller »Ordering Your Private World«, »Ordne dein Leben«, stach da heraus und traf einen Nerv der Zeit – und hat auch mich getroffen und mir gutgetan, als ich ihn Anfang der Neunzigerjahre las: Da nahm einer den Glauben ernst – und blieb zugleich sehr ehrlich, normal und mitten im Alltag des Lebens.

Auch die weiteren Bücher trafen diesen Ton: »Zurück zur ersten Liebe« und »Wenn alles zerbricht« – das Buch einer Ehekrise. Spiritualität für normale Menschen, die ihre Beziehung zu Jesus Christus fördern und vertiefen wollen. Ein mahnender und zugleich aufbauender Ton, wie ein Leben fruchtbar werden kann und wie es gelingt – trotz Krisen und Problemen, Zweifeln und Versagen. Es war für mich die erste Berührung mit dem tiefen Wunsch nach geistlicher Erneuerung und einem Leben aus der Begegnung mit Gott, die dann bei mir 1996 zur Gründung des Magazins AUFATMEN führte – Gordons Art zu denken und schreiben wies einen Weg zur Vertiefung des Glaubens und zu einem offenen, praktischen und konstruktiven Gespräch darüber, wie ich es bisher nicht kannte.

Das erste Kennenlernen

Kein Wunder also, dass ich elektrisiert war, als ich mitbekam, dass MacDonald im Herbst 1997 zu Gast bei einer Konferenz auf dem Chrischona-Berg nahe Basel sein würde. Was tun? Unsere Kinder waren noch klein, eine längere spontane Reise nicht möglich, aber zu gern hätte ich ein Interview mit ihm in die Zeitschrift AUFATMEN gebracht. Der Ausweg fand sich in meinem Mitredakteur David Neufeld, der sich auf den langen Weg nach Süden machte und so das erste Interview mit Gordon für AUFATMEN führte – eine erste direkte Verbindung zu ihm war geknüpft (»Auf dem Schoß Gottes sitzen«, AUFATMEN 1/1998).

Wie es dann weiterging, weiß ich nicht mehr genau, die heiße Beziehungsphase jedenfalls begann damit, dass wir ihn als Lebensgemeinschaft »WegGemeinschaft e.V.« zu unserer alljährlichen Jesus-Konferenz, dem Dünenhof-Festival an der Nordseeküste bei Cuxhaven, einluden. Wenn er nach Chrischona reiste, warum dann nicht auch zu uns? Das AUFATMEN-Interview war vermutlich ein Sprungbrett für sein Ja – und nun standen die ersten gemeinsamen Pfingsttage mit seinem Einsatz bevor. Wie würde es werden? Würde ich die Herausforderung bewältigen, ihn zu übersetzen? Ich war doch gar nicht das große Englisch-Genie, hatte nie im Ausland gelebt, traute mich nur, weil ich mittlerweile ehrenamtlich auch bei den Willow-Creek-Kongressen engagiert war und die USA bei den Besuchen in Chicago etwas besser kennengelernt hatte.

Dieses erste Festival mit Gordon, die erste Tagung, die erste intensive Begegnung mit ihm als Gemeinschaft, die ersten persönlichen Gespräche – all das war einfach ein Volltreffer: Ganz offensichtlich hatten sich hier Menschen gefunden, die auf einer Wellenlänge waren – deren Herzen zueinanderfanden.

Es war der Start für eine stetig wachsende Beziehung, die nun rund 20 Jahre blüht und beide Seiten erfrischt und erfreut. Ab dieser Zeit kam Gordon nicht nur regelmäßig in seine geliebte Schweiz, wo er so gerne in den Bergen wandert, sondern auch nach Deutschland zu Seminaren und Konferenzen quer durch das Land. Es vergeht mittlerweile kein Jahr, wo er nicht ein- oder zweimal den langen beschwerlichen Weg in der engen Touristenklasse des Fliegers auf sich nimmt, um seine Freunde zu treffen, um Menschen zu inspirieren und seiner geistlichen Berufung als Pastor und Hirte treu zu sein.

Ballett mit dem Übersetzer

Wieso er sich mit diesem enormen Kraftaufwand und dieser großen Hingabe selbst als alter Mann immer wieder auf den Weg macht, wird er in diesem Buch erzählen. Ich habe verstanden, dass es viel mit seinem Großvater, einem Missionar im Vorkriegs-Osteuropa, zu tun hat, für den er schon als kleiner Junge betete, dessen Reisen in die fernen Orte er mit dem Finger im Atlas verfolgte – Städte und Länder, deren fremdartige Namen und Klänge er schon früh auszusprechen übte. Und es hat mit dieser Berufung als Pastor und Hirte zu tun, die er nach dem Vorbild des Vaters schon früh im Blick hatte, für die – so sah es seine Mutter – Gott ihn an einem besonderen Segenstag als kleines Kind mitten im Zweiten Weltkrieg in den USA aussonderte und »aufsparte«: Damals, als genau über dem Garten ihres Wohnhauses ein großer Bomber der US-Airforce abstürzte und die brennenden Trümmer rings herum einen Albtraum der Zerstörung anrichteten – nur nicht am Ort seines Laufstalls, der völlig verschont blieb. »God has saved you for a reason«, klang es danach durch sein Leben: Gott hat dich mit gutem Grund verschont!

Mittlerweile hat für mich die Anspannung als Übersetzer längst nachgelassen, unsere jährlichen gemeinsamen Übungen als freundschaftlich verbundenes Stimmenpaar bei Tagungen und Konferenzen sind pure Freude für mich: Immer wieder bin ich überrascht und manchmal zu Tränen gerührt, was Gordon aus einem simplen Bibeltext, aus persönlichen Begegnungen und klugen Überlegungen herausholt. Was für ein Vorrecht, so etwas in das Leben von Zuhörern hineinsprechen zu können – die ja oft schon eine ganze Menge verstehen von seinem Englisch, durch die nachfolgende Übersetzung aber oft doppelt tief getroffen werden: Zweimal gehörte Worte sinken tiefer ein, habe ich mittlerweile entdeckt – aus der Sprachnot wird für viele eine Tugend.

Wobei: Manchmal hat man als Übersetzer denn doch auch seine Not – besonders, wenn es um typisch amerikanische Witze geht oder selten erwähnte oder fremdartig klingende biblische Namen, bei denen ich manchmal wie der Ochs vorm Scheunentor stehe. Zum Glück weiß ich das inzwischen und frage grundsätzlich vorher nach: »Any jokes? Any rare biblical names?« Aber Gordon weiß auch, was er mir mit meinem durchaus begrenzten Englisch zumuten kann. Wobei ein guter Übersetzer ja vor allem gut verstehen und erfühlen, vor allem in der Zielsprache flüssig und gewandt mitspielen muss – was ich als Journalist und Verleger wohl einbringen kann. Und so ist es dann meist pure Freude, ihn zu übersetzen. Manchmal agieren wir bis in die Körpersprache hinein wie ein Pärchen beim Eiskunstlauf, folgen einander sprachlich mit Empathie, erahnen und erkennen Richtung und Ziel des anderen, folgen ihm ineinanderfließend auf dem Fuß: Übersetzungs-Ballett.

Fahrrad und Wattenkieker

Auch seine alljährlichen Besuche auf dem Dünenhof folgen einem lang eingeübten Ritual: Manfred Pagel, der geistliche Leiter des Tagungszentrums, holt Gordon und Gail (denn oft begleitet ihn auf den Reisen zu uns seine Frau, die mittlerweile selbst enge Beziehungen zu vielen von uns hat …) vom Flughafen in Bremen ab. Dann folgen meist ein Schlafversuch (um den Jetlag zu überwinden …) und ein frühes Abendessen, auf dessen pünktlichen Start sie Wert legen: die Gesundheit! Und am Folgetag geht es mit dem Fahrrad an der geliebten Nordseeküste entlang – vorbei am Wernerwald bis hin nach Sahlenburg oder Duhnen, an die schönen Strände unserer Stadt. Dabei wird grundsätzlich eingekehrt im Restaurant »Störtebeker«, das sich vermutlich über den alljährlichen US-Gast wundert, der sich mit der deutschen Speisekarte abmüht.

Gordon und Gail haben ein Stück »home away from home« gefunden auf dem Dünenhof, sie fühlen sich einfach wohl dort. Und das merken auch die Mitarbeiter und Freunde, mit denen bei Gordons Aufenthalten oft hochwillkommene Gesprächstermine stattfinden – Gordon und Gail haben ein Wort und ein Ohr für viele und wissen Bescheid über Kinder und Enkel, Knoten und Probleme, persönliche Eigenheiten und Stärken eines jeden.

Teil ihres Besuches ist immer auch ein Treffen mit der Lebensgemeinschaft, ein Hören und Forschen, wie es uns wohl so geht, wie wir klarkommen miteinander und mit der Leitung und Entwicklung des Geistlichen Zentrums Dünenhof. Gordons große Erfahrung mit christlichen Organisationen und Leitenden ist dabei eine unschätzbare Hilfe.

Schon früh hat er uns als Gemeinschaft deutlich gemacht, wie wichtig es ist, gut zu enden – »to finish well« –, ein Ziel und Anspruch, die er intensiv auch über seinem eigenen Leben ausspricht: den Lebensbogen gut und ehrenvoll und in Frieden, Liebe und Kraft zu Ende bringen. Das verlangt Vorbereitung, gute Ziele, geistliche Wachsamkeit, Training und Selbstreflexion – wir haben da viel von ihm gelernt, denn er lebt es sehr aktiv und bewusst vor.

Pastorentreffen, Lesereisen, Konferenzen, Tagungen – zu den bewegendsten Ereignissen gehören die Einsätze Gordon MacDonalds bei den großen Willow-Creek-Leitungskonferenzen in Deutschland. Für 2020 ist er erneut eingeladen, um über eines seiner Spezialthemen zu sprechen: Resilienz – ein Leben mit geistlicher Ausdauer und Kraft, ein Leben unter dem Wunsch, gut enden zu wollen. Wer könnte das besser als er? Gerade bei diesen großen Kongressen hat er viele zusätzliche Freunde gewonnen – manch einer erinnert sich noch, wie in der Stuttgarter Schleyerhalle Tausende zum Hingabegebet in den Gängen knieten – nicht aufgepeitscht durch eine emotionale Ansprache, sondern tief ergriffen durch die heilige Atmosphäre, den tiefen Ernst und das Vorbild dieses besonderen Pastors.

Von Hybels bis Clinton

Dabei ist sein Verhältnis zu Mega-Churches wie Willow Creek durchaus differenziert. Immer solidarisch, immer empathisch, aber durchaus auch einmal kritisch hinterfragend, ob Gemeinden dieser Größe und professionellen Struktur wirklich frommer Normalzustand sind und welche Gefahren hier zugleich lauern können. Dennoch gehört das alljährliche Mentoring-Treffen mit Pastoren aus der ganzen Welt, das Willow immer im Dezember veranstaltet, zu seinen Lieblingseinsätzen. Er liebt den Austausch mit engagierten Pastoren über alles – ihr brennendes Engagement, die Atmosphäre der Leidenschaft für Gemeindebau und Kirche, das Zusammenspiel mit anderen, die es sich zur Lebensaufgabe gemacht haben, »der Braut Christi« bestmöglich zu dienen: Gemeinden zu bauen, die für Menschen unserer Zeit wesentlich sind.

Kein Wunder, dass er schon früh mit Bill Hybels zusammenarbeitete, einem der wenigen Pastoren, der ihn damals in seiner Ehe- und Lebenskrise in den Achtzigerjahren ermutigte und unterstützte. Gemeinsam agierten sie in den Neunzigerjahren als Mentor und Seelsorger für den US-Präsidenten Bill Clinton. Da ist viel Respekt und professionelle Nähe zwischen diesen beiden großen Pastoren – und dennoch nicht genug Zweisamkeit, um Bill Hybels in seiner momentanen Krise rund um Missbrauchsvorwürfe und Anklagen nahe genug zu sein: Große Leiter sind oft einsame Menschen.

Allerdings lässt Gordon MacDonald Nähe zu – ob nun bei seinen Veranstaltungen, wo er immer wieder bewusst vorab durch die Reihen geht und die Zuhörer persönlich und mit Handschlag begrüßt (eine Geste, die ich in der christlichen Szene noch nirgendwo gesehen habe …), oder bei seinen langjährigen Freunden, für die er sich bewusst öffnet. So war es einer unserer Höhepunkte als Lebensgemeinschaft, Gail und ihn einige Tage in ihrem Zuhause in »Peace Ledge«, ihrem recht einsam gelegenen Waldhaus nahe Concorde/New Hampshire zu besuchen. Gemeinsame Mahlzeiten mit lebhaftem geistlichem Austausch, liebevolle Versorgung und natürlich ein Besuch seiner kleinen Baptistenkirche, die er damals für einige Jahre im Ruhestand vertretungsweise versorgte.

Auch ein Treffen mit seiner Tiefgänger-Gruppe durfte nicht fehlen, ein besonderes Engagement von Gail und Gordon: Einige Jahre lang sprachen sie gezielt eine Gruppe von etwa 15 jungen und älteren Leuten aus der Gemeinde an, die sie zu einem persönlichen Mentoring einluden. Ein Jahr lang zu fest zugesagten Zeiten bei ihnen zu Hause Intensiv-Begleitung: gemeinsames Lesen von geistlichen Biografien, das ausführliche Erzählen und Auswerten der persönlichen Lebensgeschichten eines jeden, Gebet, gutes Essen, gemeinsames Fragen nach Lebenszielen und Absichten. Gordon MacDonald hat darüber in seinem »Tiefgänger«-Buch (SCM R.Brockhaus) geschrieben und rund um die Welt mit dieser Idee der gezielten Förderung von Menschen inspiriert.

Faszinierende Persönlichkeit

Was schätze ich so an diesem Mann von nun 80 Jahren? Da kommt vieles zusammen: Da ist diese intellektuelle Wachheit, mit der er das Leben wahrnimmt – von der New York Times bis zu den christlichen Medien, neuesten Büchern, Biografien oder Internet-Themen. Immer lebt etwas Neues in ihm, das er diskutiert, auswertet, einbringt. Für ihn ist klar: »Leaders are readers« – wer irgendwo Verantwortung trägt, der muss lesen, aufnehmen, verarbeiten, weiterdenken.

Es ist diese Offenheit, sein waches Interesse auch am Leben des Gegenübers, sein ehrliches Teilen des eigenen Weges und der geistlichen Erfahrungen, die ihn zu einem immer wertvollen, spannenden, oft überraschenden Gesprächspartner machen, dessen offene Worte und kluge Fragen nachgehen, begleiten und prägen. Das reflektierte Umgehen mit dem eigenen Leben ist ihm ein Kernanliegen – an den Dingen des Tages entlang zurückdenken, mit Gott im Gespräch sein, danken, vorausdenken, planen.

Das Tagebuchschreiben hilft dabei – Gail und Gordon sind

ambitionierte Tagebuchschreiber, meterweise füllen die ausgedruckten Computerdateien schön gebunden das jeweils eigene kleine Arbeitszimmer der beiden in ihrem Haus. Bevor er wieder einmal nach Deutschland oder in die Schweiz aufbricht, liest Gordon oft nach, wie es beim letzten Mal war, mit wem er gesprochen, was er gedacht und aufgenommen hat. Seine Tagebücher sind das genaue Protokoll eines Lebens, das – wen wundert's? – extrem früh am Morgen beginnt: Um fünf Uhr sitzt er oft schon im Büro, schreibt, läuft dann seine Runden, trifft sich mit Gail zum Frühstück. Kein Wunder aber auch, dass sie nicht allzu spät zu Bett gehen und ein geordnetes Leben führen – bei den intensiven Reisen, die sie ständig quer durch die USA führen, vermutlich ein Überlebensprinzip. Als Ehrenpräsident des Denver Seminary begleiten die beiden Studenten und Lehrpersonal, teilen ihre Erfahrungen, beten, hören zu. Und ergänzen sich dabei, indem sie den jeweils anderen mit seinen Erfahrungen und Einsichten ins Gespräch bringen, sich die Bälle zuspielen.

Überhaupt, die Ehebeziehung der beiden: Manchmal irritiert es mich als Übersetzer schon fast, wenn ich immer wieder die explosive Liebesgeschichte der beiden erzählen muss (ein alter Freund und Mentor Gordons hat ihm Gail vorgestellt – wenige Monate später waren sie verheiratet) und die von großer Liebe und Dankbarkeit diktierten Lobesworte des Ehemannes auf seine Gail übersetze. Gail ist diejenige, die Gordons Leben Struktur gegeben hat, die ihn immer wieder herausfordert, mahnt. Und ihm zugleich den nötigen Freiraum lässt für seine Touren in die Natur – oder eben hierher zu uns.

Es sind auch die schmerzlichen Themen, die sie zusammengeschweißt haben – Gordons schwieriges Verhältnis zu seinem distanzierten Vater, eine kurze heftige Ehekrise, die zum Rücktritt als Pastor führte, Belastungen und Sorgen aus den Herkunftsfamilien: All das hat sie stark und widerstandsfähig gemacht - diese beiden halten treu zusammen.

Freundschaft als zugefallener Schatz

Und dann Gordon als Pastor, als Hirte und Seelsorger: Wie ein Zirkuspferd in der Arena hat er eine traumhafte Sicherheit im Umgang mit Menschen, im Gestalten von Gottesdiensten, bei seinen Predigten, Gebeten, Liedern, Lernbeispielen aus dem Leben. »Weißt du, Uli«, hat er mir einmal gesagt, »ein Pastor, der seine Gemeinde und die Menschen in ihr liebt, der wird kaum je wirklich Probleme haben.« Diese Liebe zu den Menschen merkt man ihm an – auch wenn durch die zunehmende Schwerhörigkeit Begegnungen in dem oft lauten und unruhigen Umfeld einer Tagung oder einer Konferenz für ihn immer schwerer werden.

Und dann ist da seine Liebe zum Wort Gottes, eine unglaubliche Kenntnis – seine durchgearbeitete Bibel voll von Notizen zeugt von dieser intensiven Beziehung. Und wenn er manche – für mich auf den ersten Blick reichlich langweiligen – alttestamentlichen Texte anpackt, dann erblüht vor den Augen und Ohren ein Verständnis für den tieferen Sinn vieler Geschichten und bringt ins Staunen.

Was mir als frommem »Hauptamtlichen« besonders guttut, ist sein realistischer Blick auf die christliche Gemeindelandschaft, der überaus gut informiert und schonungslos nüchtern ist. Dieser Mann weiß, wie es vor und hinter den Kulissen zugeht – aber er ist dabei nicht zynisch geworden. Ja, er ist ein frommer Profi, der mit allen Wassern gewaschen ist und vieles erfahren hat, aber sein Herz ist weich und erreichbar geblieben – offen für Gottes Reden und die Sehnsucht der

Menschen. Er weiß um die »VDPs«, von denen jeder fromme Prominente umgeben ist – »very draining persons«, also Leuten, die sehr anstrengend sind, weil sie in ihrer Suche nach Zuneigung und Aufmerksamkeit einem Fass ohne Boden gleichen. Auch bei ihnen bleibt Gordon väterlich und freundlich, wenngleich er sich am Ende gekonnt zu schützen und abzugrenzen weiß.

Ich bin dankbar für unsere wunderbare Freundschaft, die genauso etwas von einer Vater-Sohn-Beziehung hat wie von einer beruflichen Partnerschaft. Fast jede Woche spielen wir uns per E-Mail kurze Informationen zu, nehmen Anteil, hören voneinander. Und wenn wir uns dann ein-, zweimal im Jahr sehen, ist es so, als wären wir nicht getrennt gewesen: Ganz tief und ansatzlos kann man dort weitermachen, wo man das letzte Mal aufgehört hat. Kann auch die tiefsten Gedanken mitteilen, die geheimen Fragen, Zweifel und Gefühle rund um diese wunderbare und manchmal ambivalente fromme Szene, in der wir beide unterwegs sind.

Beide haben wir ein tiefes Wissen um diesen durch Gottes Freundlichkeit zugefallenen Schatz, den wir in unserer Beziehung erleben – nicht fordernd, nicht klammernd, sondern frei und fruchtbar. Gordon ist einer der großen Glücksfälle meines und unseres Lebens auch als Ehepaar, denn meine Frau Christel hat über die Jahre eine enge Beziehung zu Gail aufgebaut. Es ist das große Glück des Gebens, Begleitens und Kennens, das wir miteinander erleben. Etwas von dem, was der große Sinnsatz über dem Leben eines jeden Menschen sagt: »To know and be known, to love and be loved, to serve and be served, to celebrate and be celebrated« (kennen und gekannt werden, lieben und geliebt werden, dienen und bedient werden, feiern und gefeiert werden).

Gail und Gordon, sie werden älter. Und gehen realistisch

auch mit Tod und Sterben um. Immer wieder einmal ist es Thema für Gordon, dass sie als Paar unterschiedlich schnell altern könnten – ein Schmerz und Abschiednehmen, das eingeübt sein will. Ich wünsche mir sehr (und bohre immer wieder einmal nach), dass Gordon noch ein Buch über das Altern schreibt, ein waches Reflektieren darüber, was genau es denn nun heißt, gut zu enden. Er hat da so viel zu sagen. Einstweilen müssen wir uns mit diesem neuen Buch begnügen, das wir als Verlag zu seinem 80. Geburtstag herausbringen und für das wir ihn um einen exklusiven Einblick in seine Erfahrungen mit uns Schweizern, Österreichern und Deutschen baten. Und mit den vielen anderen Büchern von ihm, die es neu oder antiquarisch zu kaufen gibt: ein Abenteuer und eine Entdeckungsreise zu einem Mann, der das Interesse lohnt und der Wichtiges zu sagen hat für die Lebensreise eines jeden Menschen.

Ulrich Eggers
Geschäftsführer und Verleger der SCM Verlagsgruppe
Redaktionsleiter AUFATMEN

Teil I

Ihr seid ein wahrer Schatz: Meine zweite Heimat

Die WegGemeinschaft zusammen mit Gordon und Gail

I Europa in meinem Herzen. Über meine Wurzeln

1940
Hintere Reihe von links: Ruth Alger (meine Tante), Esther MacDonald (meine Mutter), Adina MacDonald (meine Großmutter), Thomas MacDonald (mein Großvater), ich
Vordere Reihe von links: Fred Davis (mein Urgroßvater), Bessie Davis (meine Urgroßmutter), Crissy MacDonald (meine Stief-Urgroßmutter), William MacDonald (mein Urgroßvater)

Kriegsjahre

Ich erblickte das Licht der Welt in dem Jahr, in dem in Europa der Zweite Weltkrieg ausbrach: 1939. Meine frühe Kindheit war also geprägt von Bildern und Geräuschen, die typisch sind, wenn Nationen miteinander in Konflikt geraten: Soldaten in Uniform an beinahe jeder Straßenecke, Treibstoff- und Lebensmittelrationierung für die gesamte Zivilbevölkerung, nächtliche Luftschutzübungen in allen Groß- und Kleinstädten und stündliche Nachrichten über den Fortgang der Kämpfe.

Hasserfüllt war der Ton, wenn die Menschen der Krieg führenden Länder über ihre Widersacher sprachen. Sie jubelten, wenn sie hörten, dass bei gegnerischen Nationen Städte in Flammen standen. Und sie gingen – ohne groß nachzudenken – davon aus, dass Gott auf ihrer Seite stand, wenn die Armeen gegeneinander kämpften.

Selbst als kleiner Junge stutzte ich, wenn ich ältere Menschen – Christen wohlgemerkt – sagen hörte, dass Gott die Sache unseres Landes unterstütze und unsere Feinde richten werde. Meine Verwirrung wurde auch nicht gerade kleiner, als wir in der Kirche ein einfaches kleines Lied mit etwa diesen Worten sangen:

Jesus liebt die kleinen Kinder,
alle Kinder auf der Welt.
Alle Farben hat er gern,
sie sind wertvoll für den Herrn.
Jesus liebt die kleinen Kinder auf der Welt.

Wenn Jesus alle Kinder auf der Welt liebt, so fragte ich meine Lehrer, warum sollte er dann manche beschützen und andere vernachlässigen? Warum gab es so viel Leid? Warum mussten so viele ihr Leben lassen? Warum diese Zerstörung? Ich merkte jedoch schon sehr früh, dass die Erwachsenen für meine Fragen kein offenes Ohr hatten.

Aus diesen Kriegsjahren sind mir die Sonntagabende noch besonders stark in Erinnerung. Unser Pastor verlas da vor der Gemeinde immer die Liste der letzten Opfer. Ich hörte die Namen von Vätern, Söhnen, Brüdern und Freunden aus unserer

Kirche und der Nachbarschaft. Manche auf der Liste waren Kriegsgefangene, manche waren vermisst – vermutlich für immer. Andere waren schwer verwundet und wurden in Militärkrankenhäusern behandelt. Und schließlich standen auf der Liste des Pastors die Namen der Gefallenen. Sie würden nie mehr heimkehren.

Bei jedem Namen rang die ganze Gemeinde nach Atem. Dann folgten Tränen, Zornesrufe und lautes, manchmal gar hysterisches Wehklagen.

Selbst als kleiner Junge im Alter von vier oder fünf erkannte ich, dass in solchen Momenten etwas nicht stimmte. Warum dieser große Schmerz? Warum diese Verzweiflung und diese Hoffnungslosigkeit? Wie kam es, dass gute Menschen – Freunde wie Feinde – überhaupt solche Momente erleben mussten?

Wenn die Gemeinde sich wieder etwas gefasst hatte, betete der Pastor für jede der betroffenen Familien. Und am Schluss dieses traurigen Teils des Abendgottesdienstes sangen wir immer ein Lied, das so begann:

Ob an Land, ob auf dem Meer oder in der Luft …
mein Vater gibt auf mich acht.

Auch dieses Lied warf bei mir Fragen auf. Wenn ich mich im Gottesdienstsaal umsah, wo die Leute mit dem Verlust von geliebten Angehörigen kämpften, fragte ich mich: Ob die Deutschen, die Italiener und die Japaner wohl den gleichen Schmerz empfinden wie wir? Lieben sie ihre Soldaten genauso wie wir unsere? Singen sie auch »mein Vater gibt auf mich acht«?

Eines Sonntagabends erzählte jemand im Gottesdienst eine unvergessliche Geschichte über Soldaten im Ersten Weltkrieg: Am Weihnachtsabend vereinbarten die Streitkräfte auf beiden Seiten der Front einen mehrstündigen Waffenstillstand.

In der Stille des Augenblicks, als Gewehre, Panzer und Kanonen schwiegen, stimmte eine Gruppe von deutschen Soldaten »Stille Nacht« an. Als die Soldaten auf der englischen Seite das altvertraute Weihnachtslied hörten, antworteten sie mit der englischen Version »Silent Night«. Bald war die Luft erfüllt mit weiteren Weihnachtsweisen.

Als dann nach ein paar Stunden die Waffenruhe endete, nahmen beide Seiten ihre tödliche Mission wieder auf: schossen aufeinander und bombardierten sich gegenseitig.

Ob es wirklich so gewesen ist, weiß ich nicht. Aber eines war mir als kleines Kind schon klar: Krieg ist etwas Abscheuliches, etwas abgrundtief Böses.

In meiner begrenzten Welt, die ich als kleiner Junge erlebte, gab es für mich einen sicheren Ort fernab von der Gewalt des Krieges. Es war das Haus meiner Großeltern väterlicherseits: Adina und Thomas MacDonald lebten ganz in unserer Nähe, in Brooklyn, New York. Bei meinen zahlreichen Besuchen empfingen sie mich immer mit offenen Armen und schenkten mir ihre ungeteilte Aufmerksamkeit.

Die Ausbreitung des Krieges war meinen Großeltern verhasst und die harte Wirklichkeit menschlichen Leidens beschäftigte sie sehr. Sie wollten wissen, ob die Leute in den Kriegsgebieten sich satt essen konnten, ob sie ein Dach über dem Kopf hatten und medizinisch versorgt wurden. Ob ihnen die Liebe Christi und die Nächstenliebe, die überall dort praktiziert wird, wo Christen miteinander verbunden sind, wohl in irgendeiner Weise begegnete? Dies waren die Fragen, die meinen Großeltern auf der Seele brannten.

Vor meiner Geburt war mein Großvater zwanzig Jahre lang stellvertretender Direktor eines kleinen Missionswerks gewesen, das Gemeindegründer anwarb, ausbildete und an verschiedene Orte in ganz Europa sandte. Meine Großmutter arbeitete in der Verwaltung mit. Wenn sie nicht gerade »geschäftlich« gefordert war, zog sie sich an einen stillen Ort zurück, las die Bibel und betete für Hunderte europäischer Missionare, die das Werk unterstützte. Darüber hinaus wurde sie nie müde, für die Millionen Europäer zu beten, die unschuldig zu Kriegsopfern geworden waren.

Die Gebete meiner Großmutter waren weder still noch kurz noch kleinmütig. Bei ihrer Fürbitte für Europa holte sie erst tief und laut hörbar Luft, stöhnte verzweifelt (»O Gott! O Gott! O Gott!«) und gestikulierte dann mit den Armen, als wolle sie Gottes Aufmerksamkeit auf sich ziehen. Für Adina war das Gebet eine geistliche und zugleich körperliche Angelegenheit. Sie meinte es ernst und Gott sollte ihr zuhören.

Wann immer ich meine Großeltern besuchte, ergriff meine Großmutter jede Gelegenheit, ihre Liebe für die vielen Millionen Europäer in mein kleines Herz zu pflanzen. Sie las mir Briefe von Missionaren vor, die sich während des Krieges verstecken mussten. Sie erzählte mir aufregende Geschichten darüber, wie diese in schwierigen Situationen bewahrt worden waren oder der Gefahr entrinnen hatten können, wie sie (auf scheinbar wundersame Weise) Nahrung und Zufluchtsorte gefunden und wie sie unermüdlich und selbst unter lebensbedrohlichen Umständen die Botschaft von Jesus weitergegeben hatten.

Für Adina war das Gebet eine geistliche und zugleich körperliche Angelegenheit.

Keiner meiner Freunde aus der Kinderzeit hörte jemals solche abenteuerlichen Berichte über Gottes Treue wie ich, wenn Großmutter mir von den Missionaren in Ländern wie Russland, Polen, Deutschland, Frankreich und Italien erzählte. Und oft nahm ich diese erstaunlichen Geschichten mit nach Hause zu meinen Freunden in unserem Viertel. Wenn sie mitbekamen, dass ich bei meinen Großeltern zu Besuch war, warteten sie immer ganz gespannt auf meine Rückkehr. Sie wussten, dass ich ihnen sicherlich wieder etwas Ungewöhnliches zu erzählen hatte.

Als ich fünf Jahre alt wurde – ein Jahr bevor die meisten Kinder in Amerika eingeschult werden –, beschloss meine Großmutter, dass ich nun alt genug sei, um Lesen zu lernen. Und es ist keine Überraschung, welche Lektüre sie vor allem für mich auswählte: die Bibel.

Sie las mir zwar oft Geschichten aus dem Alten Testament vor, von den Propheten und Königen (und brachte mir damit das Lesen bei), es ging ihr aber vielmehr darum, dass ich das Neue Testament kennenlernte, ganz besonders das Leben und das missionarische Werk von Paulus. Großmutter verehrte den Apostel richtiggehend: seine Mission, seinen evangelistischen Eifer und seine tiefen Einsichten in das Evangelium von Jesus Christus. In ihren Augen war Paulus ohne Fehl und Tadel und sie war entschlossen, diese Ansicht auch mir zu vermitteln.

Seit vielen Jahren ist meine Großmutter nun schon in der Ewigkeit und manchmal stelle ich mir vor, wie sie den alten Apostel verfolgt und ihn mit Fragen über seine komplizierten Briefe an die neutestamentlichen Gemeinden löchert. *Wie war das gemeint?*, kann ich sie fragen hören, und sehe sie vor mir, wie sie ihre Bibel an einer rätselhaften Stelle aufschlägt. Warum hat er ausgerechnet dieses Wort gewählt? Warum beschloss er, dies oder das zu tun? Angesichts Großmutters unbeirrter, ja schon beinahe penetranter Verehrung für Paulus frage ich mich (natürlich im Scherz), ob er nicht manchmal versucht, sich davonzustehlen, wenn er sie mit ihrer Bibel in der Hand und ihren Fragen auf dem Herzen schon von Weitem auf sich zusteuern sieht. Ich liebte meine Großmutter innig, aber es gab Momente, da wünschte ich, sie wäre nicht ganz so überschwänglich gewesen.

Als ich noch ein Kind war, dachte Großmutter gern über die Zeit in Paulus' Leben als Missionar nach, als er glaubte, er sei dazu berufen, das Evangelium von Jesus Christus in Asien zu verbreiten (Apostelgeschichte 16). Sie stellte sich vor, dass Paulus sicher viel Zeit im Gebet verbrachte, sich um Empfehlungsschreiben an Menschen in fernen Städten bemühte und Geschäftsreisende, die mit dem asiatischen Raum vertraut waren, zurate zog. Vielleicht sammelte er sogar Spenden für seine bevorstehende Missionsreise.

Dann schilderte Großmutter mir den Tag, an dem Paulus und sein Missionsteam ausgesandt wurden. Sie verglich es mit den Tagen, an denen mein Großvater an Bord eines riesigen Ozeandampfers von New York nach Bremen oder Le Havre aufbrach. Ein paar seiner Unterstützer blieben dann so lange an Deck, bis ein lautes Signal das bevorstehende Auslaufen des Schiffes ankündigte. Noch ein Choral zum Abschied, noch ein Wort der Ermutigung, noch ein Gebet. Und dann war Großvater plötzlich auf sich allein gestellt. In der Vorstellung meiner Großmutter muss sich die Aussendung des Apostels Paulus ungefähr so abgespielt haben.

Aber dann wurde der dynamische Apostel nur wenige Tage nach der Abreise jäh ausgebremst. Er war gezwungen, seine Reise abzubrechen. Solch ein brutales »Nein!« zu erleben, muss ein seltsames Gefühl gewesen sein. Wohlgemerkt, aufzugeben war nicht sein Ding. Gewöhnlich machte er nicht einfach kehrt und trat die Heimreise an. Dazu war er viel zu hartnäckig. Dass er diesmal nicht weiterreisen konnte, muss ein gewaltiger Schlag für ihn gewesen sein.

Meine Großmutter ließ mich raten, warum Paulus seine Reise nach Asien wohl abbrechen musste. Krankheit? Verfolgung? Ein juristisches oder politisches Problem? Mangelndes Vertrauen auf Gottes Gegenwart? Oder … war es die plötzliche Erkenntnis, dass er einfach einen Fehler gemacht und Gottes Berufung falsch gedeutet hatte? Dies kann im Leben eines jeden von uns passieren.

In der Rückschau auf diese Gespräche in meiner Kindheit glaube ich, Großmutter wollte mir etwas zum Nachdenken geben. Wenn ich einmal ein »Mann des Wortes Gottes« (einer ihrer Lieblingsausdrücke) werden sollte, würde ich lernen müssen, in der Bibel zu forschen und für mich selbst zu erkennen, was Gott tat und was nicht.

Welches Hindernis auch immer Paulus' Reise nach Asien vereitelte (man weiß es bis heute nicht genau), es muss auf jeden Fall eine schmerzhafte persönliche Niederlage gewesen sein.

Ich habe schon oft über Großmutters spezielle Vorliebe für diese rätselhafte Geschichte nachgedacht und mich gefragt, ob sie darin nicht manches Erlebnis aus ihrer eigenen Missionstätigkeit wiederfand. Kamen Erinnerungen an Zeiten großer Enttäuschung und Entmutigung in ihr hoch? Fand sie in Paulus' vorübergehendem Gefühl der Niederlage Trost, wenn sie an schwierige Zeiten in ihren missionarischen Bemühungen zusammen mit meinem Großvater dachte? Oder hatte meine Großmutter im Blick, dass auch ich in meinem Leben Niederlagen würde einstecken müssen? Wollte sie mich vielleicht auf Zeiten vorbereiten, in denen auch ich im Dienst für Christus leiden würde?

Wollte sie mich vielleicht auf Zeiten vorbereiten, in denen auch ich im Dienst für Christus leiden würde?

Doch mit Paulus' vereitelter Reise nach Asien war die Geschichte noch lange nicht zu Ende, pflegte mir meine Großmutter in Erinnerung zu rufen. Man spürte förmlich die Aufregung in ihrer Stimme, wenn sie davon berichtete, wie er eines Abends zu Bett gegangen war und in der Nacht eine Vision gehabt hatte … so etwas wie einen Traum. In dieser Vision wurde Paulus von einem Mann angesprochen. An dessen Kleidung und Akzent muss der Apostel ihn sofort als Mazedonier erkannt haben.

An dieser Stelle nun machte Großmutter die Geschichte richtig dramatisch. Eindringlich wiederholte sie die Worte, die der Mazedonier in dieser Vision zu Paulus sprach: »Komm herüber nach Mazedonien (nach Europa!) und hilf uns!«

Begeistert erzählte mir Großmutter immer wieder, dass Mazedonien genau entgegengesetzt zu Paulus' ursprünglich geplanter Reiseroute lag. Wohlgemerkt: Paulus war nach Asien aufgebrochen – nach Osten. Aber nun hatte Gott ihm in dieser Vision gezeigt, dass er nach Westen gehen sollte … nach Europa. »Stell dir das mal vor«, sagte sie. »Gott wollte tatsächlich, dass Paulus nach Europa ging!«

An diesem Punkt in der Geschichte des Apostels betonte meine Großmutter immer den Gehorsam dieses Mannes. Paulus reagierte sofort auf die Stimme des Mazedoniers, der ihm in der Vision erschienen war. Kein Protest. Kein Jammern. So bald wie möglich brach er mit seinen Begleitern von dem Ort, an dem sie sich gerade aufhielten, zur Hafenstadt Samothrake auf. Von dort aus segelten sie dann in Richtung Neapolis. Und dann? Steuerten sie die erstbeste Großstadt in Mazedonien an: Philippi.

In Philippi verkündigte Paulus das Evangelium mit Begeisterung allen, die es hören wollten. Einmal erzeugte seine Predigt einen solchen Aufruhr in der Stadt, dass er festgenommen, geschlagen und ins Gefängnis geworfen wurde. Und dies alles wegen seines Glaubens an Jesus. Aber als er Philippi schließlich hinter sich ließ, war dort eine kleine christliche Gemeinde entstanden, die begann, den Namen Jesu weiterzutragen.

Großmutter sagte dann immer: »Wenn die Menschen Jesus

so lieben wie diese Philipper, fangen sie an, überall von ihm zu reden. Und das müssen wir auch tun.« Und dann beendete meine Großmutter ihre Geschichte von der Vision mit dem Mann aus Mazedonien mit den Worten: »Deshalb lieben dein Großvater und ich Europa so sehr. Auch wir haben den Ruf des Mazedoniers gehört. So wie er glauben auch wir, dass Gott von uns möchte, dass wir das Evangelium den Menschen in Europa weitersagen.«

Auch wir haben den Ruf des Mazedoniers gehört

Wenn ich heute nach 75 Jahren zurückblicke, war Großmutter sicherlich zutiefst davon überzeugt, dass auch ich eines Tages den Ruf des Mazedoniers hören würde. Sie träumte davon, dass ich Menschen in Frankreich, Holland, Österreich, Polen und im Baltikum das Wort Gottes predigen würde. Ach ja, ich höre sie noch sagen: »Vergiss niemals Skandinavien. Du musst in Skandinavien predigen.« Vielleicht bestand sie deshalb darauf, dass dieses Land auf der Liste nicht fehlen durfte, weil sie selbst viel skandinavisches Blut in sich hatte.

Beten für die Kinder in Deutschland

Wenn ich bei meinen Großeltern zu Besuch war, führte mich Großmutter nicht selten auf den Dachboden und zeigte mir unzählige Bilder von den Reisen meines Großvaters nach Europa in den 1920er- und 30er-Jahren. Darunter waren Fotos von Christen, die in privaten Wohnungen beteten und die Bibel lasen. Und auch Bilder von Menschenmengen, die sich in großen Zelten auf dem Land versammelt hatten und aufmerksam zuhörten, wie Thomas und seine Mitevangelisten mithilfe eines Übersetzers die Bibel lehrten. Es gab auch Fotos von ihm, wie er Gottesdienste hielt, Pastoren ausbildete und Neubekehrte taufte.

Während mir meine Großmutter ein Foto nach dem anderen in die kleine Hand drückte, zeigte sie mir immer bestimmte Personen, die mit meinem Großvater abgebildet waren.

»Dieser Mann starb nur ein Jahr nach dieser Aufnahme«, sagte sie. Und mit dem Finger auf eine Frau mit kleinen Kindern weisend, erklärte sie: »Sie wurden in ein Konzentrationslager deportiert. Wir wissen nicht, was mit ihnen geschehen ist.« Und beim Foto eines kleinen Jungen in meinem Alter sagte sie: »Er wurde schwer krank und starb. Seine Familie bekam keine Medizin für ihn.«

Wenn meine Großmutter mir diese Bilder zeigte und mir dazu die persönlichen Schicksale erzählte, brauchte sie oft ein Taschentuch, um sich die Tränen abzuwischen. Sie konnte ihre Gefühle nicht zurückhalten. In ihrem Herzen hatte sie eine tiefe Liebe zu Europa und den Menschen dort. Unten in der Küche breitete sie dann oft Landkarten der europäischen Länder aus. Mal eine von Österreich, mal eine von Frankreich oder Polen. Sie hatte auch welche von Deutschland, Estland, Albanien … und natürlich von Skandinavien. Dann beschrieb sie die wichtigsten Städte in den einzelnen Ländern, die Flüsse, Berge, Universitätsstädte und die Geburtsorte berühmter Persönlichkeiten.

Wenn sie mit dem Finger auf Paris zeigte, sprach sie gelegentlich von einem Franzosen, der im Untergrund lebte, aber Tag für Tag einer kleinen Gruppe von Menschen die Bibel erklärte. Auf Rom oder Mailand deutend, erzählte sie manchmal von einer Frau, die Waisenkinder aufnahm und sie auf dem Land versteckte. Großmutter schien alles über Europa (ihr Mazedonien) zu wissen, und irgendwie dachte sie, ich müsste genauso begeistert all das Wissen, das sie für mich bereithielt, wie ein Schwamm aufsaugen.

Wenn es jedoch irgendein europäisches Land gab, das Großmutter mehr als alle anderen am Herzen lag, dann war es Deutschland – damals unser erbitterter Feind. Sobald jemand während des Kriegs gehässig über Deutschland sprach, warf sie sofort ein: »Ja, ich verstehe, was Sie sagen wollen, aber Gott möchte, dass wir für Deutschland beten.« Und beinahe flüsternd fügte sie noch hinzu: »Wertvolle Menschen; so wertvolle Menschen. Jesus liebt sie so sehr.«

»Mein Junge«, sagte Großmutter oft zu mir, »wann immer du dich zum Essen an diesen Küchentisch setzt, musst du zuerst für die Kinder in Deutschland beten. Sie sind nicht unsere Feinde; sie sind Gottes Kinder. Sie haben nichts zu essen. Sie haben ihr Zuhause verloren. Viele deutsche Kinder werden ihre Eltern nie wiedersehen. Bete für Berlin, Hamburg, Stuttgart, München, Dresden und Hannover. Bete, dass die Kinder bewahrt werden und dass sie Jesus kennenlernen.«

Und so beteten wir vor jeder Mahlzeit, Großmutter und Enkelsohn. Meine Gebete: einfach und stockend. Großmutters Gebete: mächtig und leidenschaftlich. So wortgewaltig, dass man meinte, Jesus müsste in jedem Moment zur Tür hereinkommen.

Sie sollen wissen, dass ich für Sie gebetet habe, als Sie Kinder waren.

Später auf meinen zahlreichen Reisen nach Deutschland, wenn ich Gelegenheit hatte, bei christlichen Versammlungen zu sprechen, begann ich meinen Vortrag oft mit der Frage: »Wie viele von Ihnen in diesem Raum sind in meinem Alter?« In der Regel hoben sich dann viele Hände (auch wenn es nun immer weniger werden, da meine Generation langsam stirbt). Ich sagte dann: »Sie sollen wissen, dass ich für Sie gebetet habe, als Sie Kinder waren.

Wir kannten uns damals nicht, aber Gott wusste, wer wir waren und liebte uns alle ... *alle Farben hat er gern.* Sie müssen wissen, dass meine Großmutter und ich unser Bestes getan haben, auch als unsere Länder gegeneinander Krieg führten. Wir haben für Ihre Sicherheit, für Nahrung und Schutz gebetet. Und nach all dem haben wir auch für Ihr Heil gebetet; dass Sie erfahren würden, dass Jesus Sie liebt und für alle unsere Sünde starb.«

Wenn ich solche Dinge in Deutschland erzähle, kommen mir selbst und meinen Zuhörern beim gemeinsamen Zurückblicken auf jene Zeit die Tränen. Man wollte uns zwingen, einander zu hassen, wir aber entschieden uns stattdessen für die Liebe.

»Komm und hilf!«

Nach dem Zweiten Weltkrieg nahm mein Großvater seine jährlichen Besuche bei Missionaren in ganz Europa wieder auf. Diese Reisen setzte er noch weitere zwanzig Jahre fort. Immer, wenn er nach Europa kam, zog er von einem Ort zum anderen und predigte allen, die ein offenes Ohr dafür hatten, das Wort Gottes.

Von unterwegs schickte er mir regelmäßig Postkarten, Briefe und Fotos von dort, wo er sich gerade aufhielt. Daraus sprach seine überfließende Liebe zu Jesus. Aber es war auch eine wachsende Traurigkeit und ein Gefühl der Verzweiflung zu spüren, die er empfand, als in Osteuropa der Eiserne Vorhang errichtet wurde. Großvater hatte davon geträumt und dafür gebetet, dass sich das Evangelium in ganz Europa verbreiten würde. Er wollte so gerne Missionare in Länder wie Russland, Polen, Rumänien und die Tschechoslowakei schicken. Aber der Vorhang senkte sich über ganz Osteuropa. Immer mehr Länder durfte man nicht mehr besuchen. Das brach meinem Großvater schier das Herz.

»Mein Junge«, schrieb er mir, als ich Teenager war, »eines Tages hörst du vielleicht Gottes Ruf nach Europa genauso, wie damals Paulus und deine Großeltern ihn gehört haben. Wenn er dich ruft, dann komm schnell! Die Lichter erlöschen und es breitet sich eine neue geistliche Dunkelheit aus. Komm und bring das Licht Jesu mit.«

Dieser Ruf des Mazedoniers – zumindest so, wie meine Großeltern ihn hörten – hat mich nie so erreicht wie sie. Meine Berufung ist es, Pastor und Schriftsteller und geistlicher Vater für jüngere Leiter zu sein, die von mir lernen können, Gottes Stimme zu hören und ihr zu gehorchen. Dennoch blieb diese Liebe zu Europa, die von meinen Großeltern entfacht wurde, über die Jahre hinweg erhalten. Noch immer sind mir Großmutters Landkarten und Großvaters Briefe und Fotos lieb und wert. Ich habe deutsche Musik, die Schweizer Alpen und die französische Küche zu schätzen gelernt. All dies nährte in mir die Hoffnung, dass ich eines Tages in die Fußstapfen meines Großvaters treten und an Orte reisen würde, die er besucht hatte, um wie er dort das Wort Gottes zu predigen.

Als ich Anfang dreißig war – mittlerweile Pastor und begeisterter Schriftsteller –, erhielt ich die ersten Einladungen in verschiedene Länder Europas zum Predigen und als Referent zu Leitungskonferenzen für Pastoren und Leiter christlicher Werke. Gerne denke ich an diese ersten Besuche in Europa zurück. Typischerweise stellte mich ein Veranstalter vor und bat die Zuhörer um einen Willkommensapplaus, während mein Übersetzer und ich nach vorne traten. Wenn ich mich darauf vorbereitete, meinen Dank auszudrücken, musste ich oft eine Sekunde innehalten und versuchen, mir meinen Großvater vorzustellen. An vielen dieser Orte war auch er gewesen. Und ich rief mir die Worte des Mannes aus Mazedonien an Paulus in Erinnerung: *Komm und hilf!*

Meine Großeltern sind schon vor vielen Jahren von uns gegangen. Aber ich frage mich, ob ihnen beiden nicht doch die Orte, die ich besucht habe, und die Menschen, denen ich begegnet bin, irgendwie bewusst sind. Diese Möglichkeit bringt mich dazu, ein paar Worte an sie zu richten in der Hoffnung, dass sie mich hören: »Großmutter … Großvater: Ich bin hier … in Europa. Genau wie ihr damals, bin ich nach ›Mazedonien‹ gekommen, um ein kleines Stück von der Ermutigung weiterzugeben, die doch so nötig ist, wie der Mann in Paulus' Vision sagte.«

Mein schwedisches Erbe

Es gibt allerdings noch weitere Gründe dafür, dass ich mich so zu Europa hingezogen fühle. Zum Beispiel das schwedische Erbe meiner Mutter.

Wenn ich ein Foto von ihr in ihren jungen Jahren betrachte, fällt mir auf, dass sie alle Qualitäten auf sich vereinte, die man mit einer skandinavischen Schönheit verbindet. Meiner Meinung nach sah sie so gut aus, dass sie es leicht mit jeder Hollywoodschauspielerin hätte aufnehmen können.

Die Eltern meiner Mutter, Peter und Anna Nordquist, wurden in der südschwedischen Stadt Kristianstad geboren und wuchsen dort auf. Als jung verheiratetes Paar zogen sie in die Hauptstadt Stockholm, wo ihnen schon bald vier Kinder geschenkt wurden.

Aber dieser Ortswechsel sollte nicht der letzte Umzug der Familie bleiben. Eines Tages erwogen sie, Schweden den Rücken zu kehren. Ihr Ziel: Amerika. Was hinter dieser Entscheidung stand, weiß ich nicht. Ich könnte mir vorstellen, dass es etwas mit ihrer bitteren Armut zu tun hatte. Vielleicht glaubten sie, dass ihnen und ihren Kinder in Amerika bessere Chancen offenstünden.

Großvater und Großmutter Nordquist fanden bald heraus, dass sie nur dann mit ihrer Familie in die Neue Welt (wie Amerika manchmal genannt wurde) ziehen könnten, wenn er sich zunächst alleine auf den Weg machte. Er müsste Arbeit finden und die nötigen finanziellen Mittel beschaffen, um es dem Rest der Familie zu ermöglichen, nachzukommen. Millionen europäischer Einwanderer gingen diesen Weg.

Oft habe ich mir vorgestellt, wie Großmutter Nordquist mit ihren vier kleinen Kindern auf der Landungsbrücke im Hafen von Stockholm stand, winkte und weinte und ihrem Mann Handküsse zuwarf, als das Schiff nach Amerika auslief. Ob sie damals wohl ahnten, dass es bis zum Wiedersehen mit ihrem Ehemann und Vater vier Jahre dauern würde?

Schon kurz nach seiner Ankunft in Amerika fand mein Großvater Arbeit in einer Schusterwerkstatt. Früh am Morgen machte er sich auf den Weg in den winzigen Betrieb und nahm seinen Platz an einer abgenutzten Werkbank ein. Wenn er zwölf Stunden lang Schuhe frisch besohlt und abgelaufene Absätze erneuert hatte, schloss Peter die Werkstatttür wieder hinter sich und kehrte in seine winzige, düstere Wohnung zurück, wo er wie ein Einsiedler lebte.

In diesen Jahren trostloser Einsamkeit beschloss Großvater Nordquist eines Abends auf dem Heimweg von der Arbeit, in einer Taverne haltzumachen und mit anderen Einwanderern ein Bier zu trinken. Diese Männer waren vermutlich die einzigen Freunde, die er während dieser Zeit hatte. Vor der Taverne wurde er unvermittelt von einem Fremden auf Schwedisch angesprochen. Nachdem sie sich einander vorgestellt hatten, lud der andere meinen Großvater in eine nahe gelegene Kirche ein, wo gerade ein Mahl mit verschiedensten typisch schwedischen Gerichten serviert wurde.

Ich muss schmunzeln, wenn ich daran denke, was Großvater Nordquist wohl in diesem Moment durch den Sinn gegangen sein muss. Was reizte ihn mehr? Ein Glas schales Bier in einer dunklen Taverne oder ein mehrgängiges schwedisches Menü im hell beleuchteten Untergeschoss einer Kirche?

Großvater Nordquist entschied sich für das Essen in der Kirche.

Was hat wohl seine Wahl beeinflusst? Vielleicht seine große Einsamkeit und seine Sehnsucht nach Menschen aus der vertrauten schwedischen Heimat? Oder seine Neugier, das Neueste aus dem Land seiner Herkunft zu erfahren? Vielleicht sein Hunger nach schwedischen Spezialitäten, die er sich selbst kaum leisten konnte? Wohlgemerkt, das Essen war kostenlos.

Im Rückblick können wir sagen, dass dieses Essen in der schwedischen Kirche das Leben meines Großvaters Nordquist verändert hat. Ich weiß nichts Genaueres über diesen Abend. Nur eines: Die Gastfreundschaft der schwedischen Gläubigen, die ihn an ihren Tisch geladen hatten, muss ihn so beeindruckt haben, dass er sich auch am darauffolgenden Sonntag auf den Weg in die Kirche machte. Und das tat er immer wieder, Sonntag für Sonntag. Nach einigen Monaten traf Peter die Entscheidung, seinen Glauben an Jesus Christus zu bekennen und praktizierender Christ zu werden.

Dieses Essen in der schwedischen Kirche hat das Leben meines Großvaters Nordquist verändert.

Ich habe schon oft an diesen Fremden gedacht, der meinen Großvater Nordquist dazu überredete, mitten unter der Woche zu einer Abendveranstaltung in eine Kirche zu kommen. War ihm damals bewusst, dass diese Willkommensgeste gegenüber einem bescheidenen Schuster große Auswirkungen haben sollte? Über Generationen hinweg entschieden sich Menschen daraufhin, Jesus nachzufolgen. Ich gehöre zu einer von ihnen.

Die Menschen finden unterschiedliche Wege, um in ihrer Kirche mitzuarbeiten: als Prediger, Platzanweiser, Älteste, Kindergottesdienstmitarbeiter, im Dienst an den Kranken, in der Öffentlichkeitsarbeit (wie der Fremde an der Tür der Taverne) und in sozialem Engagement. Großvater Nordquists Beitrag (er war weder gebildet noch extrovertiert) bestand darin, während des Gottesdienstes hinter den Kulissen die Bälge der Kirchenorgel zu treten. Der Organist spielte und der Chor sang jeden Sonntag, solange Peter Nordquist als Balgtreter seinen Dienst tat.

Auf den wenigen Fotos, die ich von meinem Großvater Nordquist besitze (er starb einige Jahre vor meiner Geburt), wirkt er auf mich wie ein vitaler, kräftiger Schwede, dem es wohl nicht schwerfiel, die Orgelpfeifen mit genügend Luft zu füllen, um aus den Sonntagsgottesdiensten ein schönes und würdiges Ereignis zu machen.

Ein oder zwei Jahre nach der ersten Begegnung meines Großvaters mit der Kirche erreichte er sein vorrangiges finanzielles Ziel: die übrigen Mitglieder seiner Familie nach Amerika zu holen. Nicht lange nachdem meine Großmutter und die vier Kinder ihm in die Neue Welt gefolgt waren, faszinierte auch sie das Evangelium, wie es in der schwedischen Kirche gepredigt wurde.

Kaum hatten sie in Amerika Fuß gefasst, vergrößerte sich die Familie noch weiter. Nach wenigen Jahren hatten die vier Kinder noch vier Geschwister bekommen. Nun waren sie also zu zehnt.

Ein Jahrhundert später könnte man sich fragen, warum eine finanziell so schlecht gestellte Familie so viele Kinder wollte. Die Antwort ist einfach: Damals wurde insbesondere unter Einwanderern wie den Nordquists eine Familie als wirtschaftliche Einheit aufgefasst. Von jedem Familienmitglied wurde erwartet, dass es zum Unterhalt der Gemeinschaft beisteuerte. Je mehr Kinder, desto größer der finanzielle Wohlstand.

Esther, meine Mutter, war das achte dieser Kinder, die alle ihr Scherflein zum Familieneinkommen beitrugen. Sie wurde immer als »die Kleine« angesehen und auch entsprechend behandelt. Natürlich musste sie die Kleidung ihrer älteren Schwestern auftragen. Beim Austeilen des Essens kam sie immer als Letzte an die Reihe und bekam das, was noch übrig war. In dem winzigen Haus bekam sie nur eine kleine Ecke zugeteilt.

Als sie sechzehn war, begann meine Mutter, nachmittags nach der Schule als Hilfsverkäuferin zu arbeiten. Einmal erinnerte sie sich: »Nie habe ich am Zahltag meinen Umschlag geöffnet. Ich habe ihn immer sofort nach Hause getragen und meiner Mutter überreicht. Sie hat sich nie dafür bedankt. Es wurde einfach erwartet, dass ich zum Unterhalt der Familie beitrug.«

»Unser Wohl, das ist sein Wille«

Eines Tages wurden die rauen Lebensbedingungen zu viel für meinen Großvater Nordquist. Vom Alter bereits geschwächt, zog er sich eine Lungenentzündung zu und hatte keine Reserven mehr, um die Infektion zu überstehen. Oft hat mir meine Mutter die Geschichte von der Nacht erzählt, in der er starb.

Man muss sich die große Familie vorstellen (Großmutter

Nordquist und acht Söhne und Töchter), wie sie alle um das Bett stehen, in dem ihr schon halb bewusstloser Ehemann und Vater liegt und nach Atem ringt. Kurz vor Mitternacht öffnet mein Großvater die Augen und sieht seine besorgte Familie um sich. Im Flüsterton bittet er meine Großmutter, ob die Familie ihm nicht ein altes traditionelles Kirchenlied singen könnte, das wohl fast alle schwedischen Christen kennen.

Großmutter Nordquist nickt einer ihrer Töchter zu, die Musikerin ist, und sie fängt an, in schwedischer Sprache zu singen. Bald stimmen die anderen mit ein:

Wer geht jemals so geborgen
wie ein Gotteskind ins Morgen?
Nicht der Stern an Himmels Feste,
nicht der Vogel in dem Neste.

Gott versorgt und nährt die Seinen,
wird sie einst um sich vereinen,
will vor Unheil sie verschonen,
und sie sollen sicher wohnen.

Weder Tod noch Leben können
Gottes Kinder von ihm trennen.
Voller Liebe und Erbarmen
trägt er sie in seinen Armen.

Kleine Herde, lass das Sorgen,
geh behütet in das Morgen,
weil Gott selbst sich vor euch stellt.
Vor ihm beug' sich alle Welt.

Was er nimmt und was er gibt,
zeigt, wie er die Seinen liebt.
Wir vertrauen seinem Ziele:
Unser Wohl, das ist sein Wille.

Als die Familie die letzte Zeile dieses ermutigenden Chorals gesungen hat, schließt mein schwedischer Großvater die Augen und tut seinen letzten Atemzug. Still und voll Vertrauen schläft der zähe, herzliche und treue Ehemann und Vater in Jesus ein. Er hat sein Werk vollbracht. Er ist bereit für die Ewigkeit.

Man fragt sich: Erinnerte sich mein Großvater Nordquist in seinen letzten Minuten an den Tag, an dem er allein nach Amerika reiste und seine Familie zurückließ? Kam ihm der Fremde in den Sinn, der ihn eines Abends in eine Kirche zum Essen einlud? Erinnerte er sich an seine Bekehrung? Und dachte er zurück an den Tag, an dem er seine Familie in ihrer neuen Heimat willkommen hieß? Mir gefällt der Gedanke, dass vielleicht all dies und noch mehr noch einmal vor seinem inneren Auge vorbeizog.

In all meinen Jahren als Pastor habe ich nie jemanden so friedlich, so ruhig in der Gegenwart Gottes und seiner Familie sterben sehen.

Fast vierzig Jahre nach dem Tod meines Großvaters wurde mir ein hochbetagter Mann vorgestellt, der mir mitteilte, dass er einmal Pastor der Familie Nordquist gewesen sei. Er erzählte mir, er sei an jenem Tag, als die Familie ihren Choral beendet hatte, in den Raum gekommen. »In all meinen Jahren als Pastor«, sagte er, »habe ich nie jemanden so friedlich, so ruhig in der Gegenwart Gottes und seiner Familie sterben sehen.«

Zu viele Menschen sterben in Krankenhäusern, wo sie unter der Obhut ihnen völlig unbekannter Menschen dahinscheiden, mit Schläuchen in jeder Körperöffnung und üblicherweise mit Medikamenten ruhiggestellt. Familienmitglieder und Freunde warten allzu oft in einem tristen Aufenthaltsraum auf die Nachricht (meist aus dem Mund eines Fremden), dass ihr geliebter Angehöriger von ihnen gegangen ist. Ich möchte lieber so sterben wie mein Großvater.

Einige Jahre nach dieser Nacht, in der die Nordquists sangen und mein Großvater in die Ewigkeit gerufen wurde, lernte Esther, die mittlerweile erwachsene »Kleine«, Donald kennen und heiratete ihn. Zehn Monate später kam ich zur Welt.

Laut einer alten Familiengeschichte fassten sich meine Großmutter MacDonald und meine Mutter am Tag, an dem ich aus der Geburtsklinik entlassen wurde, über meiner Wiege an den Händen, befahlen mich Gott an und baten ihn, dass ich eines Tages den Ruf des Himmels hören und das Wort Gottes predigen würde.

Meine Version dieser Geschichte? Ich habe den leisen Verdacht, dass meine Großmutter schon, als ich noch im Mutterleib war, darum betete, dass ich eines Tages dem Mann aus Mazedonien begegnen würde.

In Deutschland

Fast zwanzig Jahre nach dem Ende des Zweiten Weltkriegs unternahmen Gail und ich dann unsere ersten Reisen nach Europa. Westeuropa war mittlerweile fast vollständig wiederaufgebaut und der größte Teil erlebte ein erstaunliches Wirtschaftswachstum. Aber vermutlich kein geistliches.

Meine Generation erinnert sich noch gut an die Nachkriegsjahre, die wir als Kinder und später als Heranwachsende erlebten. Die internationalen Beziehungen waren damals aufs

Höchste angespannt. 1948 versuchte Russland, Berlin vollständig von den Westmächten abzuschneiden, und die Stadt wurde über eine Luftbrücke versorgt. Einige Jahre später kam es zum Koreakrieg, der ungarischen Revolution und der Kubakrise. Mit dem erfolgreichen Start des russischen Satelliten Sputnik, der Signaltöne senden konnte, brach das Weltraumzeitalter an.

Meiner Ansicht nach war ein Schlüsselereignis dieser Zeit die Errichtung der Berliner Mauer (1961). Diese Mauer teilte Berlin physisch für die nächsten dreißig Jahre. Sie stand als Trennlinie zwischen einer Gesellschaft, in der Unterdrückung herrschte, und einer, die an Freiheit und Menschenrechte glaubte. Immer wieder hörte man Geschichten von Menschen, die versuchten, durch bzw. über die oder unter der Mauer hindurch zu fliehen. Berichten zufolge wurde manch einer bei der Flucht von seinen eigenen Landsleuten erschossen.

1981 sah ich die Berliner Mauer zum ersten Mal mit eigenen Augen. Ich war nach Berlin und nach Ostdeutschland eingeladen worden, um einige dort lebende Pastoren und christliche Leiter kennenzulernen. Am berühmten Checkpoint Charlie überquerte ich die Grenze. Nachdem ein griesgrämiger Grenzposten mich auf der östlichen Seite alles andere als herzlich begrüßt und meine Reisepapiere kontrolliert hatte, wartete schon eine kleine Gruppe von Männern und Frauen darauf, mich willkommen zu heißen.

Nie werde ich die Menschen vergessen, die ich an diesem Tag kennenlernte. Je länger ich mit ihnen zusammen war, desto mehr musste ich ihren Mut bewundern. Jeder Einzelne von ihnen hatte für seine Bemühungen, Jesus treu zu sein, schon einen hohen Preis bezahlt. Die Angst verfolgte sie ständig. Jeden Morgen erwachten sie in der Ungewissheit, ob sie vielleicht an diesem Tag jemand an die ostdeutschen Behörden, die Stasi, verraten würde.

Während mir diese außergewöhnlichen geistlichen Leiter ihre Arbeit beschrieben, wurde mir immer mehr bewusst, wie sehr diese kleinen, in der ganzen Stadt verteilten christlichen Gemeinden zu kämpfen hatten. Oft konnten sie nur im Verborgenen zusammenkommen. Die Christen stammten aus lutherischen, anglikanischen, römisch-katholischen, charismatischen, Baptisten- und Brüdergemeinden.

»Wie können Menschen mit so unterschiedlichen konfessionellen Wurzeln eine Einheit bilden, einander lieben, füreinander sorgen und miteinander dienen?«, fragte ich.

»Es ist gar nicht so schwer, wenn man unter solchen Bedingung lebt«, erklärte mir ein Pastor. »Hier müssen wir Christen einander lieben. Wir müssen Gott gemeinsam anbeten. Und wir müssen einander vertrauen und aufeinander Acht haben. Wo sollten wir sonst hingehen? Was sollten wir sonst tun?«

Bei diesem eintägigen Besuch in Ostberlin verging die Zeit für mich wie im Flug. Wir redeten viel über die Situation der christlichen Kirche weltweit, aßen bei zwei verschiedenen Pastoren zu Hause und nahmen uns Zeit, die Bibel zu öffnen und uns gegenseitig mit Jesu Verheißungen zu ermutigen. Im Laufe des Tages wuchsen meine Bewunderung und Achtung für diese Männer und Frauen immer mehr. Zu Hause in Amerika redeten wir viel über Tapferkeit und Mut. Aber unter diesen Ostdeutschen erlebte ich diese Eigenschaften hautnah.

Wenn ich heute nach fast vierzig Jahren an diesen Besuch in Ostberlin zurückdenke, erinnere ich mich noch gut an den bewegenden Moment, als ich Abschied nehmen und in den Westteil der Stadt zurückkehren musste. Während ein anderer unfreundlicher ostdeutscher Grenzposten meine Papiere kritisch unter die Lupe nahm, drehte ich mich noch ein paar Mal um zu der kleinen Gruppe von Pastoren, die dastanden und mir zuwinkten.

Zu gerne hätte ich meinen Pass genommen und wäre zu ihnen umgekehrt. Bei ihnen war eine Großherzigkeit zu spüren, wie wir sie im Westen kaum kannten. Zweifellos zeigt sich echtes Christentum mit seinen Heiligen nur dort, wo Menschen im Dienst des Herrn ihr Leben aufs Spiel setzen. Aus diesem Blickwinkel sah ich diese Christen.

Zweifellos zeigt sich echtes Christentum mit seinen Heiligen nur dort, wo Menschen im Dienst des Herrn ihr Leben aufs Spiel setzen.

Viele Jahre später, nachdem die Mauer gefallen und die Stadt wieder vereinigt war, hatte ich noch einmal Gelegenheit, mit einem Pastor zu sprechen, den ich an jenem denkwürdigen Tag kennengelernt hatte. Wir waren beide schon im reifen Alter und dachten an damals zurück. An einem Punkt unserer Unterhaltung sagte er: »Diese Jahre in Ostberlin waren Zeiten, in denen wir ständig gezwungen waren, die Belastbarkeit des Evangeliums von Christus zu testen und leben zu lernen. Jesus war treu. Nie waren wir so eins, einander so nah in Liebe und nie haben wir so viel gebetet wie in dieser Zeit. Das Evangelium, das wir heute predigen, wo das Leben so viel leichter ist, scheint nicht mehr so viel zu bewirken wie damals.«

Unterwegs in Europa

Der Besuch in Ostberlin war aber keineswegs unsere erste Begegnung mit Europa. Bereits 1968 waren Gail und ich nach Frankreich eingeladen worden, um am Europäischen Bibelinstitut am Rande von Paris eine Reihe von Vorträgen vor Studenten und Pastoren zu halten. Unser Gastgeber war Bob Evans, der Gründungsdirektor der Greater Europe Mission. Evans war der Autor des Buches *Let Europe Hear*, das bei vielen amerikanischen Christen ein Bewusstsein für die Notwendigkeit weckte, in der Nachkriegszeit neue geistliche Leiter zuzurüsten.

Während unseres Besuches hielt ich vor französischen Pastoren und Bibelschülern Vorträge über Predigtmethoden. Die Institutsgemeinde bereitete uns einen überaus herzlichen Empfang und zeigte sich sehr offen, von einem jungen Pastor und seiner Frau zu lernen.

Während unseres Aufenthalts spürten Gail und ich, dass unsere neuen christlichen Freunde in Frankreich geistlich erschöpft waren. Noch Jahre nach dem Krieg kämpften sie gegen ein Gefühl der Ernüchterung angesichts der Leere der Nachkriegskultur. Ihre drängendste Frage an uns war: Wie kann der Eifer der Kirche, Christus in der neuen geschichtlichen Wirklichkeit zu bezeugen, erneuert werden? Ich befürchte, diese Frage ist heute noch genauso aktuell wie damals.

Wie kann der Eifer der Kirche, Christus in der neuen geschichtlichen Wirklichkeit zu bezeugen, erneuert werden?

Als ich in jenen Tagen am Europäischen Bibelinstitut sprach, wurde mir erst richtig bewusst, was mir meine – mittlerweile hochbetagten – Großeltern MacDonald in Amerika in meiner Kindheit über Europa erzählt hatten. Ich sollte noch erwähnen, dass meine Großeltern trotz ihrer Gebrechlichkeit geradezu begeistert davon waren, dass ihr Enkel und seine Frau dem Ruf des Mannes aus Mazedonien nach Europa gefolgt waren.

In den Jahren danach folgten zahlreiche Besuche bei europäischen Gemeinden, Schulen und Glaubenskonferenzen. Gail und ich reisten nach England und Irland. Wir bekamen die Gelegenheit, in der Tschechoslowakei, in Ungarn und Moldawien zu lehren. Auch Schweden, Holland und Spanien besuchten wir. In allen diesen Ländern war es unser brennender Wunsch, Christen kennenzulernen, ihnen zu dienen und etwas über ihre Vorstellungen zu erfahren, wie sie Jesus im europäischen Alltag ins Gespräch bringen konnten.

Mit den Jahren wurde Deutschland uns immer wichtiger. In den frühen 90ern hielt ich eine Vortragsreihe vor Pastoren am Theologischen Seminar Chrischona in Basel. Dort lernten wir zum ersten Mal den Schwung einer jüngeren Generation kennen, die überall auf dem Kontinent neue Gemeinden gründen wollte.

Bei unserem Aufenthalt in Chrischona wurden Gail und ich von Mitarbeitern einer deutschen Zeitschrift – Aufatmen – angesprochen. Sie baten mich um ein Interview über das Buch *Ordne dein Leben*, das kurz zuvor in Deutschland erschienen war.

Ich weiß nicht mehr, worüber wir genau sprachen. Sehr gut allerdings erinnere ich mich an die geistliche Atmosphäre, die in diesen zwei Stunden bei meinem Austausch mit den jungen Reportern herrschte. Diese Männer und Frauen waren erfüllt von einer echten Neugier und stellten tief gehende Fragen, die Herz und Sinn herausforderten. Ich ahnte noch nicht, dass dieses Interview die Tür nach Deutschland für viele weitere Besuche und zum Aufbau von Beziehungen mit mehreren kirchlichen Gemeinschaften weit öffnen würde.

Der Aufruf in Stuttgart

In den ersten Jahren des neuen Jahrhunderts wurde mir die Ehre zuteil, Mitglied mehrerer deutsch-amerikanischer Redner- und Musikteams zu werden, die verantwortlich an den von der Willow Creek Association unterstützten Leitungskonferenzen in Deutschland mitwirkten. Tausende von deutschsprachigen Kirchenvertretern kamen zusammen und hörten Bill Hybels und John Ortberg über die Notwendigkeit einer neuen Art von Leiterschaft in der Kirche des 21. Jahrhunderts sprechen.

Ich mied in der Regel den Aufenthaltsraum für die Beteiligten und unterhielt mich in der Zeit vor und nach den Veranstaltungen lieber in den Gängen der großen Hallen mit denjenigen Deutschen, die meiner Sprache mächtig waren. Bald fand ich heraus, dass fast jeder eine Frage oder eine Idee hatte, die er gerne teilen wollte. Und es bewegte mich tief, wie die Menschen in Deutschland die Willow Creek Association schätzten.

Der Höhepunkt meiner Vorträge auf der zweijährlich stattfindenden Willow-Creek-Konferenz war in einem Jahr, als ich, ermutigt von Bill Hybels, beschloss, etwas typisch Amerikanisches zu tun: nämlich meine Rede mit einer Einladung oder einem Aufruf, nach vorne zu kommen, abzuschließen.[1]

Der Erste, dem ich zwei Tage vor der Konferenz von meinem Gedanken erzählte, war mein enger Freund und deutscher Übersetzer Ulrich Eggers. Ich beschrieb ihm, was ich vorhatte. Am Anfang meines Vortrags würde ich dem Publikum mitteilen, dass ich zum Schluss, nach etwa 40 Minuten, alle, die sich von Gott persönlich angesprochen fühlten, bitten würde, aufzustehen, nach vorne zu kommen und niederzuknien. Das Knien, so erklärte ich meinem Freund, sei ein öffentliches Zeugnis dafür, dass sie ihre Beziehung zu Jesus und das Bewusstsein für ihre Berufung erneuern wollten.

Ulrich, dessen Rat ich schon immer vertraut habe, hörte mir aufmerksam zu, als ich ihm diese amerikanische Idee vorstellte, und meinte, dies sei in Deutschland vielleicht nicht so

---

1 Dieser Vortrag findet sich bearbeitet unter dem Titel »Wie Gott mir eine zweite Chance gibt« ab S. 189 in diesem Buch.

angebracht. Deutsche, so sagte er, seien eher zurückhaltend und würden ihre geistlichen Absichten nicht so gerne durch öffentliches Niederknien ausdrücken. Dann fügte er hinzu: »Dieses Gebäude ist auch nicht so sehr dazu geeignet, dass die Menschen einfach aufstehen und nach vorne kommen können. Wenn sie dies wirklich wollten, müssten die meisten erst nach draußen gehen und durch einen anderen Eingang wieder hereinkommen.«

Ich sah mich in der Arena um und erkannte, dass Ulrich recht hatte. Ein Aufruf nach vorne am Ende meiner Rede war wohl doch keine so gute Idee.

Später jedoch kam Ulrich noch einmal auf das Thema zu sprechen. Er sagte, er habe darüber nachgedacht und gebetet. »Wenn Gott von dir möchte, dass du das machst«, meinte er, »dann solltest du es auch tun. Wie auch immer. Wenn es Gottes Wille ist, wird es funktionieren.«

Wenn Gott von dir möchte, dass du das machst, dann solltest du es auch tun.

Einen ganzen Tag lang war ich hin- und hergerissen. Sollte ich die Zuhörer tatsächlich aufrufen, nach vorne zu kommen und niederzuknien oder lieber nicht?

Am nächsten Tag begann die Konferenz. Ich war am zweiten Tag der dreitägigen Veranstaltung an der Reihe. Bill Hybels sprach ein paar einleitende Worte und hieß Ulrich und mich auf der Bühne willkommen. Erst als ich mich umdrehte und in die Menge blickte, entschied ich mich dazu, es tatsächlich zu wagen. Mit Ulrich als Übersetzer an meiner Seite erklärte ich, ich würde am Ende meiner vierzigminütigen Rede etwas typisch Amerikanisches tun: Ich würde die Menschen nach vorne rufen.

»Wenn Gott in euer Leben hineinspricht«, sagte ich, »lade ich euch ein: Überlegt euch, ob ihr nicht in dieser Arena nach vorne kommen und niederknien möchtet. Lasst euch nicht von eurer zurückhaltenden deutschen Mentalität aufhalten. Wenn es euch hilft, versucht doch mal, nur für einen kleinen Moment Amerikaner zu sein.« Bei dieser letzten Bemerkung hatte ich die Lacher auf meiner Seite.

»Viele von euch haben mir von ihrem Wunsch nach Veränderung erzählt«, fuhr ich fort, »Veränderung in Deutschland, Veränderung in ihren Kirchen, Veränderung in ihrem eigenen Leben. Gleich habt ihr die Chance, bewusst einen Schritt in diese Richtung zu tun. Ihr könnt kommen und niederknien, wenn ich euch dazu aufrufe. Das wird an sich schon eine große Veränderung sein. Andere können euch sehen und sich von eurem Mut anstecken lassen.«

Dann begann ich mit meinem Vortrag, den Ulrich Satz für Satz ins Deutsche übertrug. Er übernahm jede meiner Gesten. Wenn ich meine Stimme hob, tat er es mir nach. Wenn ich ein Wort betonte, dann betonte er das entsprechende deutsche Wort ebenfalls. Mit anderen Worten: Er machte es mir so leicht wie möglich, meine deutschen Zuhörer anzusprechen.

Aber ich muss gestehen, dass ich mich kaum konzentrieren konnte, da ich tief in meinem Herzen mit Selbstzweifeln kämpfte, mit der Angst, dass niemand meinem Ruf nach vorne folgen könnte. Während meiner Rede überlegte ich sogar ein- oder zweimal, ob ich nicht einen Rückzieher machen und meine Ankündigung vergessen sollte. Ich stellte mir vor, wie peinlich es wäre, wenn ich den Ruf aussprechen und niemand kommen würde.

Ungeachtet meiner Zweifel erinnerte ich meine Zuhörer alle paar Minuten daran, dass ich sie nach vorne einladen würde. »In 32 Minuten«, sagte ich einmal, »bitte ich euch nach vorne.« Eine Weile später: »Nicht vergessen, in 21 Minuten rufe ich euch nach vorne … Hat sich jeder von euch schon die Frage gestellt: ›Spricht Gott persönlich zu mir?‹«

Noch später: »Nun hat jeder von euch noch 11 Minuten Zeit, um für sich zu entscheiden: ›Spricht Gott in mein Leben hinein?‹« Ich hörte einige in der Arena nervös lachen. Es war spürbar, dass diese Frage »Spricht Gott zu mir?« die Zuhörer bewegte.

Dann war es so weit. Was würde passieren? Würde überhaupt jemand kommen? Nun zitterte ich beinahe vor Angst. Aber wir hatten uns alle auf diesen Ruf eingelassen: ich, Ulrich, die Zuhörer.

»Jetzt ist der Punkt gekommen, den ich angekündigt habe«, sagte ich. Ulrich übersetzte meine Worte. »Wenn du Gottes Stimme in deinem Leben hörst und dich neu zu Jesus bekennen willst, wenn du hörst, wie er dich wieder neu in seinen Dienst stellt, rufe ich dich nun auf, aufzustehen, hier nach vorne zu kommen und niederzuknien. Wer ist der Erste?«

Zuerst war es einen Moment still, doch plötzlich kam Bewegung in die Arena. Hier und dort erhoben sich Männer und Frauen, bahnten sich an anderen vorbei einen Weg durch ihre Reihe. Manche mussten den Saal erst durch den Ausgang verlassen und durch andere Eingänge wieder hereinkommen.

Bald war der ganze vordere Bereich der Arena voll von Menschen auf den Knien. Die Gänge an den Seiten füllten sich mit Christen – deutschen, wohlgemerkt –, die sich still von Jesus erneuern lassen wollten. Manche weinten leise, andere umarmten sich gegenseitig oder beteten innig. Später erfuhr ich, dass die Menschen auch bei einer Übertragung der Veranstaltung an einem anderen Ort der Stadt genauso reagiert hatten.

Wie viele wohl an diesem Tag in der Arena niederknieten? Ich wage keine Schätzung. Aber ich weiß, dass die Zahl jede Erwartung bei Weitem übertraf.

Dieser Aufruf ereignete sich vor fast zehn Jahren. Seither kommen jedes Mal, wenn ich in Deutschland bin, Menschen auf mich zu und sagen: »Ich war damals bei deinem Ruf nach vorne dabei.« Oder: »Ich bin deinem Aufruf gefolgt, nach vorne gegangen und bin niedergekniet.« Oder: »An dem Tag, an dem du dazu aufgerufen hast, nach vorne zu kommen, hat Gott mein Leben verändert.«

Wenn ich dies hier aufschreibe, rührt es mich noch immer zu Tränen. Niemals werde ich den Tag vergessen, an dem uns alle der Geist Gottes trieb, der durch diesen Aufruf wirkte. Das ist eine der denkwürdigsten Erfahrungen meines Lebens. Gott hat gesprochen und wir alle haben gehört.

2 Die Schweiz. Über einen Ort, der wie der Himmel ist

Der Weg zur Schynige Platte

Schöne Flecken Erde

Eines Tages, im Sommer 1987, las ich in unserer Lokalzeitung einen Artikel, in dem die berühmten Wanderwege in den Schweizer Bergen beschrieben waren. Sofort dachte ich daran, wie oft ich schon davon geträumt hatte, diesen Teil Europas zu entdecken. Nur war ich bisher zu Hause und bei der Arbeit so stark eingebunden gewesen, dass ich noch nicht dazu gekommen war.

Aber nun war es anders. Der Artikel faszinierte mich und ich beschloss, die Schweiz ganz oben auf meine To-do-Liste zu setzen. Kaum hatte ich also die letzte Zeile gelesen, suchte ich im Haus nach Gail und sagte beiläufig zu ihr (nur um sie auf die Probe zu stellen): »Ich habe mir überlegt, dass wir nächsten Monat in die Schweiz fahren müssen. Was hältst du davon?«

Nächsten Monat! Da war es heraus. Nächsten Monat! Es würde nun kein Traum mehr bleiben, kein vages Vorhaben, in einem oder zwei oder fünf Jahren in die Schweiz zu reisen. Ich hatte mich deutlich ausgedrückt, hatte einen präzisen Zeitpunkt genannt: nächsten Monat.

Gail, die in puncto Selbstorganisation und Planung kaum zu übertreffen ist, sagte im ersten Moment gar nichts. Ich spürte, wie es in ihrem Kopf arbeitete; dass sie sehr genau abwog, wie sie auf meine verrückte Idee am besten reagieren sollte.

Als geborenes Organisationstalent ist Gail bei uns für den Terminkalender und die Finanzen zuständig. Sie wäre also die Erste, die wüsste, ob wir uns eine solche Reise überhaupt leisten können; und auch die Erste, die einschätzen könnte, ob es möglich wäre, langfristige Verpflichtungen eine Zeit lang abzugeben. Wohlgemerkt: In vier Wochen sollte es bereits losgehen.

Ich war also durchaus darauf gefasst, dass Gail meinem kühnen Vorstoß zunächst Widerstand entgegensetzen würde. Deshalb war ich auch so überrascht, als sie, anstatt mich auf mögliche Terminkonflikte oder finanzielle Probleme aufmerksam zu machen, einfach nur meinte: »Sag das noch einmal, damit ich sicher sein kann, dass ich richtig gehört habe. Wohin sollen wir nächsten Monat reisen?«

»In die Schweiz«, entgegnete ich vorsichtig. »Du weißt doch. Die liegt mitten in Europa.«

»Wo die Schweiz liegt, weiß ich sehr gut«, sagte sie. »Ich

frage mich nur, warum du glaubst, wir müssten … nächsten Monat da hin.«

Aus dem Ton ihrer Stimme schloss ich, dass Gail meinem Vorschlag gegenüber gar nicht so abgeneigt war. Aber um sie wirklich zu überzeugen, brauchte sie eine vernünftige Erklärung, warum mir diese Reise in die Schweiz plötzlich so wichtig war, dass sie gleich im nächsten Monat stattfinden musste.

»Du und ich brauchen mal Zeit für uns«, antwortete ich. »Wir sollten ein paar schöne Flecken Erde entdecken. Es war so hektisch in den vergangenen Monaten. Wir müssen mal rauskommen aus dem Trott, in die Schweiz fliegen, nur zum Spaß … und zwar gleich im nächsten Monat. Wenn wir es aufschieben, nehmen uns wieder alle möglichen Dinge in Beschlag.«

Wir sollten ein paar schöne Flecken Erde entdecken.

»Und wie lange, meinst du, sollen wir einfach zum Spaß schöne Flecken Erde entdecken?«, fragte Gail.

Ich dachte etwa eine Minute über meine Antwort nach, dann sagte ich: »Was hältst du von 31 Tagen?«

»31 Tage? Aber das ist ja ein ganzer Monat«, entgegnete sie. »Meinst du wirklich, wir müssten 31 Tage weg sein?«

Ich sagte, ja, das meinte ich.

Im Stillen wunderte ich mich. Gail erschien mir nicht so überaus erschüttert von der Zahl 31. Sie schlug auch keinen kürzeren Zeitraum vor.

»Meinst du nicht, dass wir etwas mehr Zeit brauchen, um unsere Route zu planen und Hotels zu buchen? Können wir wirklich schon in ein paar Wochen reisefertig sein?«

»Nein«, unterbrach ich sie. Nun war ich richtig in Fahrt. »Keine Planung!«, sagte ich. »Diesmal lassen wir alle Planung außen vor. Wir haben in unserem Leben schon viel zu viel geplant und uns von Plänen bestimmen lassen. Diesmal mieten wir einfach ein Auto, fahren in Richtung Berge und dann immer der Nase nach.«

Gails Reaktion verblüffte mich: »Okay …«, meinte sie, »wenn du das wirklich machen willst …«

»Ich will das wirklich.«

Nur sechs Minuten hatten wir gebraucht, um uns auf eine einmonatige Reise zu einigen … einfach nur zum Spaß. In der nächsten Stunde buchte ich einen Flug und einen Mietwagen, während Gail ein paar Leute kontaktierte, um Termine zu verlegen.

Was mich besonders überraschte bei unseren Bemühungen, uns einen Monat von allen Verpflichtungen zu befreien (einfach nur zum Vergnügen und um schöne Flecken Erde zu sehen), war, dass es gar nicht so schwer war. Fast jeder, der von unserem Vorhaben erfuhr, wäre am liebsten gleich mitgekommen. Offenbar wären sie auch gerne einfach nur so an schöne Orte gereist.

Aber wir luden niemanden dazu ein.

31 Tage

Ein paar Wochen später stiegen wir nach einem Nachtflug am Zürcher Flughafen in unseren gemieteten VW-Käfer und fuhren in Richtung Schweizer Alpen. Schon bald tauchten die ersten »schönen Flecken Erde« vor uns auf und verhießen uns einen wundervollen Urlaub.

Während der nächsten 31 Tage versuchten Gail und ich, so viel wie möglich von der Schweiz zu sehen. Da war die Französische Schweiz, Zermatt und das Matterhorn, das obere und untere Engadin, das Berner Oberland und berühmte Städte wie St. Moritz, Interlaken und Gstaad.

Wir müssen wohl um die 500 Fotos von Eiger, Mönch und Jungfrau geschossen haben. Wir schlenderten durch die Altstadt von Chur, besuchten Arosa (Endstation einer fantastischen Bahnfahrt) und Davos (wo Experten aus aller Welt zum alljährlichen Weltwirtschaftsforum zusammenkommen). Dann das wunderschöne Appenzell und die Höfe im Emmental, wo es mehr Käse gibt, als man sich vorstellen kann. Den größeren Städten – Basel, Genf, Luzern und Zürich – widmeten Gail und ich nicht allzu viel Zeit. Die Begegnungen mit der Bevölkerung in den Bergen und in kleinen Dörfern waren uns wichtiger. Wir wanderten gerne über Weiden inmitten von Schweizer Braunvieh, dessen Glockenklang man schon von Weitem hören konnte. Wir beobachteten die Bauern, wie sie mit ihren Sensen schwungvoll das Alpengras schnitten. Wir fuhren mit den berühmten Schweizer Seilbahnen auf die Berggipfel und wanderten zurück ins Tal.

Jede Nacht suchten wir uns eine preiswerte Unterkunft in einer Schweizer Pension oder in Berghütten. In puncto gesunde Ernährung brachen wir schamlos alle Regeln und schlemmten hausgebackenes Brot und Käsefondue. Wir entwickelten eine Vorliebe für Rösti und Schnitzel. Und meistens teilten wir uns am Abend noch die üppige Portion eines Schweizer Schokoladendesserts.

Ob Gott vielleicht noch eine neue Berufung für uns hatte?

Auf unseren täglichen Wanderungen durch die Alpen redeten wir stundenlang über unsere Vorstellungen von unserer bevorstehenden zweiten Lebenshälfte als Ehepaar. Ob Gott vielleicht noch eine neue Berufung für uns hatte? Wir fragten uns, wie wir unsere Beziehung stärken könnten. Wir dachten darüber nach, wo wir uns noch ernsthafter am Vorbild Jesu orientieren müssten.

Seit dieser 31-tägigen Tour durch die Schweiz vor vielen Jahren haben Gail und ich dieses Land viele weitere Male besucht. Wir wanderten dann wieder auf unseren Lieblingspfaden und kehrten in bestimmte Hotels und Restaurants zurück. Und wir machten in den Geschäften und Häusern von Schweizer Freunden halt, wo wir auf früheren Reisen so freundlich empfangen worden waren.

Die Privatbadewanne des Abts

Zu den eindrucksvollsten Erinnerungen an die Schweiz zählt ein dreitägiger Besuch im Benediktinerkloster Engelberg. Ein amerikanischer römisch-katholischer Mönch, ein guter Freund von uns, hatte uns von dem Kloster erzählt und uns einen Besuch dort empfohlen. Er versprach uns, im Vorfeld einen Brief an den Gastmeister zu schreiben mit der Bitte, uns für ein paar Tage aufzunehmen – wir würden gerne in den umliegenden Bergen wandern.

Als wir in Engelberg ankamen, fanden wir das Kloster und klopften an die mächtige Eingangstür. Keine Antwort. Wir klopften noch einmal. Keine Reaktion. So oft wir auch klopften – Stille. Das riesige Gebäude kam uns leer vor. Hätten wir nicht ringsum die herrlichen Gärten gesehen, hätten wir das Kloster verlassen geglaubt.

Wir wollten gerade aufgeben, als ein Mönch mit einem großen Korb Blumen auftauchte. Als wir ihm erzählten, wir kämen aus Amerika und würden im Kloster erwartet, bat er uns um einen Moment Geduld. Er würde den Gastmeister ausfindig machen und ihn fragen. Bevor er uns zurückließ, erklärte er noch, die Mönche seien gerade beim Abendgebet und würden erst danach auf unser Klopfen reagieren.

Nach einigen Minuten öffnete sich die breite Tür und wir wurden von einem hochgewachsenen Mann in Mönchskutte begrüßt, der sich als Gastmeister vorstellte. Und offensichtlich besaß er tatsächlich die Gabe der Gastfreundschaft. Dies erkannten wir an der Art, wie er uns die Hand reichte, wie er den Augenkontakt mit uns suchte, wie er mit ehrfürchtig bescheidener, ruhiger Stimme sprach.

Wir erfuhren sodann, dass der Gastmeister den Brief unseres amerikanischen Freundes leider nicht erhalten hatte. Es war ihm ganz peinlich, dass er auf unser Kommen an diesem Abend gar nicht vorbereitet war. Dann fügte er fast entschuldigend hinzu, dass auch keine Frauen im Kloster übernachten dürften.

Während der Gastmeister alle seine begrenzten Englischkenntnisse aufbot, fiel mir auf, dass er sich immer mehr Gail zuwandte. Es war ihm anzumerken, wie unangenehm es ihm war, sie vielleicht zu verletzen.

Ich trat einen Schritt zurück und überließ Gail das Wort. Im Laufe ihres Gesprächs bemerkte ich, wie der Gastmeister ihr gegenüber mehr und mehr auftaute. Er genoss offensichtlich ihre Gesellschaft. Ich dagegen schien vergessen zu sein.

Dann sagte er plötzlich: »Warum bleiben Sie beide nicht doch hier? Wir finden schon ein Plätzchen für Sie.«

Ich empfand es ein wenig demütigend, dass ich mich, wäre ich alleine gewesen, vermutlich an diesem Punkt hätte verabschieden und mir ein Hotelzimmer in Engelberg hätte suchen müssen. Offensichtlich gab Gails Gegenwart den Ausschlag. Dieser hochgewachsene, gütige Mönch war von meiner Frau einfach so bezaubert, dass ich mir vorkam wie ein Gepäckstück, das sie dabeihatte.

Einige Minuten später hallten unsere Schritte durch einen langen Flur mit hoher Decke. In diesem sakralen Gebäude wohnten schon seit tausend Jahren christliche Mönche. *Was für Geschichten diese Mauern wohl erzählen könnten?*, fragte ich mich.

Schließlich führte uns der Gastmeister am Ende des Flurs in ein nettes, aber sehr einfach eingerichtetes Gästezimmer. Ich sage »einfach«, weil zwar offensichtlich ein Bett, ein Schreibtisch, ein Stuhl und ein Waschbecken vorhanden waren, es aber keine Toilette und kein Badezimmer gab.

»Wo finden wir eine Toilette?«, fragte ich.

»Hm«, sagte der Gastmeister und presste die Lippen aufeinander. An eine solche Komplikation hatte er gar nicht gedacht. Denn im Kloster lebten nur Männer. Diese benutzten alle eine Gemeinschaftstoilette ein paar Meter weiter den Gang entlang.

Seine Ratlosigkeit währte jedoch nicht lange. Plötzlich hellte sich sein Gesicht auf, als würde er gleich ein streng gehütetes Geheimnis preisgeben.

»Kommen Sie mit«, sagte er und bat uns mit einem Winken, ihm zurück durch den Flur zu folgen. Hier führte er uns in einen anderen Raum. Dieser war groß und reich verziert. Wohl jahrhundertealte Gemälde hingen an den Wänden. Die Möbel schienen einst von Ludwig XIV. benutzt worden zu sein.

Von diesem Zimmer aus zeigte der Gastmeister auf eine Seitentür. Als er sie öffnete, fiel unser Blick in ein riesiges Badezimmer mit einer Badewanne so groß wie ein kleines Schwimmbecken.

»Fräulein«, sagte er und verbeugte sich vor Gail. »Dieser Raum mit Toilette und Bad soll Ihnen als Ankleidezimmer zur Verfügung stehen. Es sind die Privaträume unseres Abts. Er ist für die nächsten paar Wochen zu einem Besuch in Rom. Wenn er zurückkommt, wird er nichts davon erfahren, dass Sie sein Zimmer genutzt haben. Das soll … sozusagen … unser kleines Geheimnis bleiben.«

Seine Stimme, sein Lächeln und seine Mimik waren die eines freundlichen Verschwörers, der es zu genießen schien, ein paar Regeln zu brechen. Für diesen Gastmeister war das Überlassen des Badezimmers eine sehr edle, ja gewagte Geste. Es war für ihn, als legte er Gail die Welt zu Füßen.

Über die Jahre haben Gail und ich immer wieder über dieses wunderbare Zeichen christlicher Gastfreundschaft gelacht, das Gail in dem Kloster in Engelberg erlebt hat. Wir sprechen dann immer von der »Privatbadewanne des Abts«. Oft haben wir uns gefragt, was der Abt wohl gedacht hätte, wenn er erfahren hätte, dass während seiner Abwesenheit eine amerikanische Frau seine privaten Gemächer genutzt und ungemein genossen hat.

Noch nie haben wir das kleine Geheimnis des Gastmeisters verraten … bis jetzt.

Unser Besuch im Benediktinerkloster Engelberg wurde auf drei Nächte ausgedehnt. Und das vor allem, weil Gail die Mönche mit ihrem Humor, ihrer Liebenswürdigkeit und ihren ernsthaften Gesprächen über das Wesentliche des geistlichen Lebens begeisterte. Sie hielten sich gern in ihrer Nähe auf und hörten ihr aufmerksam zu, wenn sie von Jesus sprach.

Sie waren fasziniert, wie meine Frau über die Liebe Gottes sprach.

Hätte ich das Wort ergriffen, hätten die Mönche mich vermutlich gar nicht beachtet. Aber sie waren fasziniert, wie meine Frau über die Liebe Gottes sprach. Sie war in die Welt der Mönche eingedrungen und diese waren entzückt von ihr.

Beim Abendessen stritten sie sich förmlich darum, wer neben Gail und mir sitzen durfte. Wir wurden bei Tisch wie Ehrengäste behandelt. Bei jedem Gang wurden wir zuerst bedient. Morgens packten die Mönche für uns ein Lunchpaket für unsere Tageswanderung in die Berge um Engelberg. Darin fand sich frisches Brot aus der Klosterbäckerei mit dicken Scheiben Schinken und großen Stücken Käse. Und natürlich durfte auch eine üppige Portion Schokoladendessert nicht fehlen. Wir brachen also jeden Tag mit doppelt so viel Marschverpflegung auf, als wir benötigt hätten. Deshalb hielten wir beim Wandern immer Ausschau nach jemandem, der einsam und hungrig aussah und vielleicht gerne das Lunchpaket der Mönche mit uns teilen wollte.

Am letzten Abend unseres Besuchs im Kloster Engelberg bereiteten die Mönche uns ein ganz besonderes Schweizer Mahl. Zweifellos waren unsere drei Tage dort (oder sollte ich besser sagen: Gails drei Tage?) für die Mönche ein mindestens ebenso großes Highlight wie für uns.

Wenn ich an diese Zeit zurückdenke, frage ich mich, ob auch nur ein Bruchteil dieses Klostererlebnisses möglich gewesen wäre, wäre der Abt vorzeitig aus Rom zurückgekehrt. Meine Meinung dazu? Ich glaube, die Mönche waren froh, dass er weg war und sie die Gegenwart einer liebenswerten, aufmerksamen Frau und ihres Ehemannes ohne Furcht vor seiner Missbilligung genießen konnten.

Noch heute – so viele Jahre später – würde ich gerne wissen, ob der Abt je herausfand, dass jemand sich für ein paar Tage seine Badewanne ausgeliehen hat.

Aufstieg auf den Strela-Pass

Über die Jahre haben wir so manchen Schweizer Wanderweg gefunden, den wir immer wieder gerne gegangen sind. Einer unserer Lieblingspfade beginnt in dem kleinen Dorf Langweis, steigt an zum Strela-Pass und führt auf der anderen Seite hinunter in die berühmte Schweizer Stadt Davos.

Das erste Mal, als wir zum Strela-Pass aufstiegen, wussten wir nicht so richtig, worauf wir uns da einließen. Der Gastwirt hatte uns gesagt, es sei eine einfache dreistündige Rundwanderung. Sicher würden wir gegen Nachmittag zurück im Hotel sein.

Am Abend hatten wir eines begriffen: Die Angaben eines Schweizers, wie lange man für den Aufstieg auf einen Berg oder für eine Almwanderung braucht, sollte man für Amerikaner wohl lieber verdoppeln.

Vor einigen Jahren schrieb Gail ein Buch über unseren ersten Aufstieg zum Strela-Pass. Sie nannte es *Keep Climbing* (etwa: »Hör nicht auf, hochzugehen«). Später wurde der Titel geändert in *A Step Further and Higher* (»Ein Schritt weiter und höher«).

Der Aufstieg zum Strela-Pass, schrieb Gail, sei ein Bild für die geistliche Reise eines Christen. In jedem Kapitel stellte sie ein Stück dieser Tageswanderung und die Erkenntnisse, die wir auf unserem Weg gewonnen hatten, vor.

Wir merkten, dass der Pfad so manche gefährliche Stelle bereithielt, wo man leicht stolpern konnte, wenn man nicht aufpasste. Wir fanden Plätze, an denen wir uns ausruhen und neue Kräfte sammeln konnten. Und wir durften uns von den steilen Stellen nicht abschrecken lassen, um nicht vorzeitig aufzugeben.

Bei unserer ersten Wanderung zum Strela-Pass merkten wir, dass wir für einen solchen Aufstieg schlecht gerüstet waren. Unsere Wanderschuhe waren kaum fest genug für den steinigen Pfad. Wir hätten etwas Wärmeres zum Anziehen mitnehmen sollen. Wanderstöcke wären hilfreich gewesen. Und erst das Wasser! Man nimmt fast nie genügend Wasser mit.

An einem Punkt unseres Aufstiegs stolperte Gail und schürfte sich das Knie auf. Als ich vorschlug, zum Ausgangspunkt zurückzulaufen, bestand sie darauf, unser Vorhaben bis zum Ende durchzuziehen. Dank ihrer Hartnäckigkeit sind wir weiter aufgestiegen.

Dann begegneten wir auf unserem Weg einem Bauern mit einem riesigen Hund. In der Ferne weideten ein paar Kühe (die mit den Glocken), die den Bauern offensichtlich gar nicht beachteten. Wir beobachteten den Hund, der aufmerksam wie ein Soldat dastand, seinem Herrn ins Gesicht sah und auf ein Zeichen wartete, was er nun tun sollte. Schließlich zeigte der Bauer auf eine Gruppe von Kühen und der Hund trat sofort in Aktion. Er raste auf sie zu, begann laut zu bellen und sie in die Fesseln zu kneifen. Als die Kühe merkten, dass sie den lästigen Hund alleine nicht abschütteln konnten, bewegten sie sich in die vom Bauern gewünschte Richtung.

Dieses bemerkenswerte Zusammenspiel – fast wie bei einem Tanz – zwischen dem Landwirt und seinem Hund wiederholte sich noch mehrmals, bis alle Kühe aus dem Gebirgstal abgezogen waren.

Bis heute erinnert uns dieser Hund mit seinem Verlangen, dem Bauern zu dienen, an das Thema Gehorsam im biblischen Leben. Er war bereit, ja sogar begierig darauf, den Anweisungen des Bauern zu folgen. Ich kann behaupten, dass wir beide an diesem Tag eine geistliche Erneuerung erlebten, als wir unser Leben mit dem dieses Hundes verglichen. So wie er auf die Anweisungen seines Herrn wartete, so wollten wir aufmerksam auf Jesu Führung achten.

So wie er auf die Anweisungen seines Herrn wartete, so wollten wir aufmerksam auf Jesu Führung achten.

Über die Jahre haben Gail und ich die Tour über den Strela-Pass mehrmals gemacht. Nie aber werde ich unseren ersten Aufstieg und auch das erhebende Gefühl vergessen, als wir oben angekommen waren. Befriedigung ist das erste Wort, das mir dazu einfällt. Viele Leute, so sagten wir uns, wären wohl irgendwann unterwegs umgekehrt. Aber wir waren weitergestiegen, fest entschlossen, irgendwann oben zu sein.

Als wir den Pass erreicht hatten, umarmten und küssten wir uns immer wieder. Wir schossen Hunderte Fotos, um unseren Freunden zu beweisen, dass wir es bis oben hin geschafft hatten. Und wir setzten uns zu einer ausgiebigen Rast.

Als wir langsam entspannten und die Schönheit des Bergs, den wir gerade bestiegen hatten, in uns aufnahmen, hörte ich aus der Ferne ein Geräusch. Es klang wie Musik; nur ganz leise vernahmen wir den Klang eines Akkordeons und eines Schlagzeugs. *Wo kommt das nur her?*, fragten wir uns. Wer sollte ein Musikinstrument auf den Strela-Pass hinaufgeschleppt haben? Außer dem Bauern waren wir niemandem begegnet.

Nach ein paar Minuten standen wir auf und folgten dem Pfad zur anderen Seite des Passes. Drüben angekommen, entdeckten wir zu unserem Erstaunen (»Erschrecken« wäre vielleicht das bessere Wort) ein riesiges Bergrestaurant. Riesig im wahrsten Sinne des Wortes.

Auf der Terrasse saßen hundert oder noch mehr Leute an Tischen, tranken Bier und aßen Käsebrot. Und zu ihrer Unterhaltung? ... stand seitlich eine Gruppe singender Musiker mit Akkordeons und Schlagzeug.

Wo kommen bloß alle diese Leute her?, fragten wir uns überrascht. Wie sind sie hier heraufgekommen? Warum hatte uns niemand etwas von einem großen Bergrestaurant erzählt? Bei unserem stundenlangen Aufstieg auf der anderen Seite hatten wir geglaubt, die einzigen Menschen weit und breit auf diesem Berg zu sein. Nur wenige Schritte weiter erfuhren wir die raue Wahrheit. All diese Leute und Musiker waren von der anderen Seite aus mit der Seilbahn hochgefahren. Sie hatten für den Aufstieg nur 20 Minuten gebraucht, Gail und ich dagegen fünf Stunden. Und jetzt aßen und tranken sie und genossen die warmen Sonnenstrahlen. Keine Müdigkeit, kein Schweiß, keine aufgeschürften Knie oder Hüften.

Und Gail und ich? Wir hatten uns für das fünfstündige Erlebnis auf der anderen Seite entschieden. Alle diese Leute waren glücklich und entspannt. Wir hingegen erschöpft.

Wieder zogen Gail und ich daraus eine Lehre, die uns seit vielen Jahren wertvoll ist. Wir merkten, dass es mindestens zwei Wege gibt, einen Berg zu besteigen. Es gibt den einfachen: Ticket kaufen und darauf vertrauen, dass die Seilbahn einen sicher nach oben bringt. Und es gibt den schwierigen: zu Fuß aufbrechen und nicht umkehren; riskieren zu stolpern, sich den Knöchel zu verstauchen oder zu dehydrieren; glühend, verschwitzt und verausgabt oben ankommen; aber am Gipfel eine ungemeine Befriedigung erleben.

Ich möchte noch etwas hinzufügen. Als Gail und ich uns in unserer Freude über den bezwungenen Aufstieg zum Strela-Pass in die Arme fielen und küssten, feierten wir einen denkwürdigen Moment, der all diesen Leuten auf der Terrasse des Restaurants entgangen war. Wir hatten die Energie aufgebracht, über uns selbst hinauszuwachsen. Wir hatten Grund dazu, uns zu küssen. Die Leute auf der Terrasse konnten ihren Aufstieg nur mit einem kalten Glas Bier feiern.

Eine gute Ehe, eine großartige Freundschaft, eine funktionierende Partnerschaft lässt sich durchaus mit unserem Aufstieg zum Strela-Pass vergleichen. Man geht etwas zusammen an und behält es ein Leben lang gemeinsam in Erinnerung. Das haben wir in der Schweiz immer wieder erfahren.

100 Schritte, ausruhen

Vor wenigen Jahren hatte ich ein anderes Erlebnis in der Schweiz, von dem ich schon viele Male in meinen Büchern oder Artikeln und an anderer Stelle in Vorträgen und Predigten erzählt habe. Das Drama dieses Tages ist mir bis heute unvergessen.

Ich hatte drei sehr gute Freunde zu einer achttägigen alpinen Wanderung in die Gegend von Grindelwald eingeladen. Damals waren wir alle Ende 60, Anfang 70, körperlich fit und wollten uns beweisen, dass wir immer noch jung waren ... zumindest für unsere Verhältnisse.

»Ich denke an mehrere Wanderwege«, sagte ich meinen Freunden, »die nicht allzu schwer sind, aber uns zu den schönsten Bergen im Berner Oberland führen. Wollt ihr mitkommen?« Alle drei waren begeistert.

Jeder von ihnen trainierte monatelang, um für unsere Tagestouren Kondition aufzubauen. Wir kauften die perfekten Rucksäcke, die bequemsten Wanderschuhe und die besten Allwetter-Jacken. Sogar Teleskop-Wanderstöcke legten wir uns zu, sodass wir zumindest so aussahen, als seien wir die erfahrensten Wanderer in den Alpen.

Endlich war es so weit. Wir flogen nach Zürich und fuhren von dort nach Grindelwald. Um uns an das bergige Terrain zu gewöhnen, unternahmen wir zunächst ein paar einfache, kürzere Wanderungen. Schließlich verkündete ich meinen Freunden, es sei nun Zeit für eine größere Herausforderung. Am dritten Tag also brachen wir nach einem herzhaften Frühstück zur Gondelbahn auf, die uns auf die First bringen sollte, einen Berg, der sich über Grindelwald erhebt. Von dort aus blickt man über das Tal auf Eiger, Mönch und Jungfrau. Dieser dritte Tag war perfekt: wolkenlos, nicht zu heiß und ganz und gar nicht überlaufen, da die Hauptsaison schon vorbei war.

Vom Gipfel der First aus wanderten wir in nordwestlicher Richtung zum Bachalpsee. Während wir in gleichmäßigem Tempo vor uns hin schritten, wuchs unser Selbstvertrauen. In den Augen der jüngeren Generation mochten wir vier alte Männer sein, wir aber waren voller Zuversicht, den Tücken dieser Pfade durchaus noch gewachsen zu sein.

Nach etwa zwei Stunden kamen wir an eine Wegkreuzung, von der drei Wege abzweigten. Der erste, der zurück zur First-Gondelbahn führte, war die vernünftigste der drei Optionen, bevor unsere Kondition vielleicht nachlassen würde. Aber wir fühlten uns noch richtig fit. Ein zweiter Weg war ein steiler, aber machbarer Pfad bergab in Richtung unseres Hotels, wo alte Männer wie wir einen ausgiebigen Mittagsschlaf halten könnten. Das reizte uns aber nicht allzu sehr. Es gab jedoch noch eine dritte Option an diesem Knotenpunkt, die optimistische Draufgänger wie uns lockte. Zweifellos war dieser dritte – 15 Kilometer lange – Weg der schwierigste, aber auch der reizvollste von allen. Laut einem alten Schweizer Wanderführer sei er sogar einer der schönsten Wanderwege der ganzen Schweiz.

Nachdem ich meinen Freunden die drei Möglichkeiten beschrieben hatte, fragten sie: »Was meinst du denn, Gordon, was wir tun sollen?«

Ich hörte mehr auf mein Herz als auf meinen Verstand und entschied mich schnell für die längste, die schönste Strecke. Und so brachen wir auf – unter dem Einfluss des wenigen Testosterons, das uns in unserem Alter noch geblieben war. Vielleicht trieb uns wirklich in erster Linie das Verlangen, unsere Männlichkeit unter Beweis zu stellen.

Der dritte Pfad wurde immer schwieriger, je weiter wir voranschritten. Nach einer Stunde waren wir schon so weit, dass Umkehren keine Option mehr war. Und in diesem Moment sank einer der Männer plötzlich zu Boden. Er sah auf und sagte: »Ich bin total erschöpft. Ich habe Herzklopfen. Ich glaube, ich kann keinen Schritt mehr weitergehen.«

Al war italienisch-stämmig. Seine Eltern, Einwanderer aus Neapel, nannten ihn immer Alberto. Da er aber in Amerika geboren und aufgewachsen war, riefen ihn seine Freunde und später auch seine Frau Lena einfach Al.

Wir vier beschlossen, erst einmal eine Pause einzulegen und zu überlegen, was wir tun könnten. Al versicherte uns, sein Herz sei kein Grund zur Sorge. Er sei einfach nur müde. So machten wir zunächst eine Bestandsaufnahme. Es gab in der Nähe weder Berghütten noch ein Handynetz, weder Straßen noch Menschen, die wir um Rat hätten fragen können. Schließlich schlug einer von uns vor zu beten ... was wir natürlich schon längst hätten tun sollen. »Herr, bitte beschütze unseren Freund Al. Beruhige du sein rasendes Herz, stärke seine Beine, schenke du ihm Mut.«

Schließlich schlug einer von uns vor zu beten ... was wir natürlich schon längst hätten tun sollen.

Schon bald nach unserem Gebet sagte Al: »Ich habe das Gefühl, meine Kraft kommt langsam zurück. Es wäre aber trotzdem gut, noch eine Weile auszuruhen.«

Nach einigen Minuten verkündete ich den anderen, ich hätte eine Idee. »Wie wäre es, wenn ihr beide vorausgehen würdet?«, schlug ich vor. »Nach ein paar Kilometern solltet ihr zu einem Berghotel kommen, von dem ich gelesen habe. Dort könnt ihr schon einmal Zimmer für uns reservieren. Al und ich kommen später ganz langsam nach. Wir vier übernachten auf dem Berg und Al kann sich erholen.«

Vielleicht sollte ich an diesem Punkt erwähnen, dass ich nun wirklich zuversichtlich war. Wir hatten nämlich für den Notfall Funkgeräte mitgebracht. Deren Signal war so stark, dass wir wohl uns über ein paar Kilometer hinweg würden verständigen können.

Bald machten sich unsere beiden Freunde auf den Weg und wir sahen ihnen nach, bis sie hinter einer Biegung verschwunden waren. Als ich das Gefühl hatte, dass Al wieder etwas Kraft geschöpft hatte, sagte ich: »Ich schlage vor, wir gehen 100 Schritte und ruhen uns aus. Wenn du bereit dazu bist, gehen wir die nächsten 100 Schritte, ruhen uns wieder aus usw. So könnten wir bis zum Sonnenuntergang im Hotel sein.«

Al war einverstanden. Ich stand auf, nahm ihn bei der Hand und half ihm auf die Füße. Beim Gehen hängte Al sich bei mir ein wie eine Tochter bei ihrem Vater, wenn er sie zum Traualtar führt. Dann fing ich an, ihm Mut machende Worte ins Ohr zu flüstern:

»Du bist ein tapferer Mann, Al. Du schaffst das.«

»Al, Gott kann dir viel Kraft schenken. Spürst du das?«

»Al, du bist echt ein Held!«

»Al, Jesus ist mit dir auf diesem Weg.«

100 Schritte und zwei Minuten Ausruhen. Dann gingen wir wieder weiter.

»Al, lass mich dir ein Lied ins Herz singen.« Und ich sang einen Choral, den wir beide kannten. Da stimmte auch er mit ein.

100 Schritte … Ausruhen … 100 Schritte … Ausruhen.

»Al, lass mich ein Gebet in dein Herz beten.«

100 Schritte … Ausruhen.

»Al, wie war das, als du Lena kennengelernt hast?« Und Al erzählte mir die Geschichte. In allen Einzelheiten.

Wieder 100 Schritte … Ausruhen.

»Al, wie war das, als du den 800-Meter-Lauf bei der Landesmeisterschaft gewonnen hast?« Und er berichtete.

Wieder Schritte … Pause.

»Al, erzähl mir von deinen Erlebnissen im Zweiten Weltkrieg im Pazifik.«

Und er erzählte mir ein paar Kriegsgeschichten.

Wieder Schritte … Ausruhen.

Arm in Arm wanderten wir den Pfad entlang, Schritt für Schritt, bis zum Ziel. Eine Stunde verging, dann zwei, dann drei. Um etwa 19 Uhr erreichten wir das Berghotel, wo unsere anderen beiden Freunde schon auf uns warteten und beteten.

Wenn wir in den folgenden Jahren alle vier zusammen waren, erinnerte sich ganz sicher immer einer von uns an diesen Nachmittag in den Schweizer Bergen und den langen, beschwerlichen Weg in Etappen von 100 Schritten. Seit damals habe ich nie mehr vergessen, wie es war, einem erschöpften Freund geistliche und körperliche Kraft zu spenden. Meine Kraft kam von Gott, und es war meine Aufgabe, sie weiterzugeben, als es nötig war.

Es hört sich vielleicht seltsam an, aber ich habe niemals für einen Mann so viel Liebe empfunden wie für Al an diesem Tag. Und ich durfte dabei eines lernen: Wenn man alles, was man ist und hat, in das Leben einer anderen Person investiert, wird es immer leichter, den anderen zu lieben.

Drei Jahre nach diesem erstaunlichen Erlebnis in den Alpen rief Al mich an. »Ich muss mit dir reden«, sagte er. »Es ist wichtig. Ich befürchte, wir stehen wieder vor einer ›100 Schritte … ausruhen‹-Situation.«

Bereits am selben Nachmittag saßen Gail und ich in Als und Lenas Wohnzimmer und er erzählte, sein Arzt habe vor Kurzem einen Tumor in seinem Körper entdeckt. Er werde wohl spätestens in einem Jahr bei Jesus sein.

Und dann kam dieser Tag tatsächlich. Nach einigen Monaten standen wir drei überlebenden Freunde mit unseren Frauen an Als Grab und verabschiedeten uns von unserem lieben Freund – auf Zeit.

Es ging 100 Schritte ... Ausruhen ... Ausruhen ... Ausruhen ... bis in die Ewigkeit.

13 Jahre später

Viele Jahre lang habe ich mich danach gesehnt, den Wanderweg in der Schweiz noch einmal zu gehen. Dann, vor ein paar Monaten, wurde ich eingeladen, auf einer kirchlichen Versammlung in Kloten zu sprechen. Als ich Gail die Einladung vorlas, ermutigte sie mich sofort, zuzusagen, und schlug vor, dass ich noch ein paar Tage dranhängen und einige meiner Lieblingswanderwege im Berner Oberland gehen sollte.

Fast sofort begann ich mit der Planung, obwohl es bis zu meiner Reise in die Schweiz noch mehrere Monate dauerte. Es wird Sie nicht überraschen zu hören, dass der Weg, den Al und ich mit unseren beiden Freunden vor 13 Jahren gegangen waren, ganz oben auf meiner Liste von Wanderungen stand.

Als es endlich so weit war, sprach ich zuerst zu der wundervollen Gruppe von Schweizer Christen, die mich damals als Erste in die Schweiz eingeladen hatten. Dann kamen die Tage, auf die ich so lange gewartet hatte: meine Alpenwanderung.

Am Dienstag meiner Wanderwoche, um Punkt 8.30 Uhr, erreichte ich das untere Ende der Grindelwalder First-Gondelbahn, die mich auf den Gipfel der First bringen sollte. Als ich den Gipfel erreichte, schnürte ich meine Wanderstiefel fester und brach zu der Wanderung auf, deren Route mich schließlich zum Bachalpsee, zum Faulhorn und, weit hinter beiden, zur Schynige Platte führen sollte.

Wie erwähnt ist dieser Wanderweg laut einigen Reiseführrern einer der eindrucksvollsten Wege der Schweiz. Die Bücher schildern steile Abstiege, schnell wechselnde Wetterbedingungen und mit Felsen übersäte (und teilweise sehr gefährliche) Wege durch karge Gebirgstäler. Es heißt, dass man eine gute körperliche Verfassung, Allwetter-Kleidung und angemessenes Schuhwerk braucht. Oh, und dieselben Bücher raten auch davon ab, »diesen Weg alleine zu gehen«.

Diese letzte Aussage über das Alleingehen wollte ich nicht hören. Soll ich ehrlich sein? Ich ignorierte die Warnung, weil ich überzeugt war, den Pfad zu kennen, und weil ich allein sein wollte, um mich an meinen Freund Al zu erinnern.

Als ich an diesem Tag aufbrach, um den Weg ein zweites Mal zu gehen, wusste ich, dass ich um 17.30 Uhr an der Schynige Platte sein musste. Um diese Zeit fuhr die letzte planmäßige Zahnradbahn zur Stadt Wilderswil ins Tal hinunter.

Die gelben Wegweiser (die allen Schweizer Wanderern gut bekannt sind) sagten mir, dass mein Ziel nur vier Stunden und dreißig Minuten entfernt lag, und ich glaubte das, obwohl ich bereits bei vielen anderen Wanderungen gelernt hatte, dass wir Amerikaner alle Schätzungen der Schweizer zur Wanderdauer verdoppeln sollten.

Voller Selbstvertrauen muss ich mir wohl irgendwie eingeredet haben, dass meine Wanderfähigkeiten denen der Schweizer in nichts nachstehen und ich zwei Stunden, *bevor* der letzte Zug ins Tal fährt, am Ziel sein würde.

Ich irrte mich! Ich irrte mich! Ich irrte mich! Und zwar folgendermaßen:

Nachdem ich fast zwei Stunden gelaufen war, erreichte ich die Stelle, an der meine Freunde und ich vor Jahren entschieden hatten, dass wir nicht umkehren, sondern weiter zur Schynige Platte gehen würden. Und jetzt, Jahre später, traf ich die gleiche Entscheidung wieder. Obwohl ich alleine war.

Nach einer Stunde erreichte ich den Bachalpsee, einen umwerfend schönen Bergsee, und auch hier wäre es für einen Mann in meinem Alter klug gewesen, umzukehren und zurück zur First-Gondelbahn zu gehen, wo ich gestartet war.

Die nächste Station auf meinem Weg war das Faulhorn mit dem ältesten Berghotel Europas auf dem Gipfel. Jenseits des Faulhorns, mindestens eine weitere Stunde Fußmarsch entfernt, befindet sich das Berghaus Männdlenen, ein kleines Gasthaus, das dicht an die Bergwand gelehnt steht, damit es nicht weggeweht wird, wenn der Wind mit der Stärke eines Hurrikans zu wehen beginnt.

Nicht lange, nachdem ich am Berghaus Männdlenen haltgemacht hatte (um ein Stück Apfelstrudel zu essen und eine Flasche Rivella zu trinken), erreichte ich die Stelle, an der mein Freund Al damals vor Erschöpfung zu Boden gesunken war.

»Ich kann keinen Schritt mehr weitergehen«, erinnerte ich mich an die Worte, die er vor vielen Jahren gesagt hatte. Und ich rief mir in Erinnerung, wie groß meine Angst um ihn gewesen war. Wie sollten wir ihn vom Berg herunterbringen, wenn es etwas Ernsteres war?

Jetzt, 13 Jahre später, rief ich mir in Erinnerung, wie wir damals die Entscheidung getroffen hatten, dass die anderen beiden Männer unserer Gruppe zügig weitergehen und sich um Zimmer in einem kleinen Hotel auf der Schynige Platte kümmern sollten. Nachdem die beiden uns zurückgelassen hatten, beschlossen wir die »100 Schritte … ausruhen«-Strategie, die ich im vorhergehenden Kapitel beschrieben habe.

Jetzt war ich hier, nach so vielen Jahren, ging in den Spuren dieser Schritte, und ich weiß noch, dass ich mich fragte: »Ist es irgendwie möglich, dass mir Al vom Himmel aus zuschaut und unsere Zwei-Mann-Wanderung noch einmal mit mir durchlebt?«

Bald darauf wurde mir bewusst, dass meine eigene Energie schwand. Hatte Albert eine solche Ermüdung gespürt, als wir hier zusammen gegangen waren? Ich begann mich zu fragen, warum ich ihm gegenüber nicht einfühlsamer gewesen war.

Während ich weiter voranschritt, wurde der Weg zur Schynige Platte immer schwieriger. Und er wurde schmaler … deutlich schmaler. Er war übersät mit Steinen, auf denen man leicht ausrutschen konnte und die meine Fußknöchel und Knie auf eine harte Probe stellten. Auf der einen Seite des Pfads ging es beinahe senkrecht nach oben, auf der anderen Seite fast senkrecht nach unten. Mir wurde bewusst, dass ich, sollte ich das Gleichgewicht verlieren und stürzen, ohne Bremsung Hunderte von Metern den Berg hinab in das weit unten liegende Tal rollen würde.

Auf den nächsten ein oder zwei Kilometern wurden meine Beine weich wie Gummi. Ich ertappte mich dabei, dass meine Schritte immer kleiner wurden, bis ich bei jedem Schritt nur noch etwa zwei Zentimeter vorwärtsschlurfte. Irgendwann strauchelte ich, taumelte, stolperte und vermied nur knapp, ernsthaft zu stürzen. Wie hatte ich diesen Abschnitt des Pfads nur vergessen können?

Im Laufe des Nachmittags musste ich mich immer öfter ausruhen. Ich sollte noch erwähnen, dass ich der einzige Wanderer war. Mir wurde klar, dass ich wahrscheinlich den ganzen restlichen Tag über vollkommen allein sein würde.

»Gehen Sie diesen Weg nicht alleine«, hatte es in den Reiseführern geheißen. Ich hatte nicht darauf gehört.

Dann begann im Westen die Sonne unterzugehen. Heute Morgen war ich noch davon ausgegangen, dass ich mehr Zeit hatte, als ich brauchen würde, aber all diese überschüssige Zeit war inzwischen verstrichen, und es kam der Moment, in dem mir klar wurde, dass ich die letzte Bahn des Tages verpassen würde, mit der ich in das Tal hinunter hatte fahren wollen.

Inzwischen gab es keine gelben Schweizer Wegweiser mehr, die sonst den Weg markierten. Ging ich in die richtige Richtung? Waren es noch zwei, drei, vier Kilometer bis zur Schynige Platte? Ich hatte keine Ahnung. Keine Schilder. Keine Karten. Keine Mitwanderer. Es war keine besonders weise Entscheidung gewesen, diesen Wanderweg alleine zu gehen …

Ich begann, mich zu fragen: »Wie hat Al es damals geschafft, auf diesem Pfad bis zum Ende durchzuhalten?« Jetzt war ich beinahe in derselben Situation wie er damals. Mir drängte sich die Frage auf, ob ich die Schynige Platte wohl noch vor Einbruch der Dunkelheit erreichen würde.

Es war fast 18 Uhr, als ich zum Gipfel eines Berges kam und in der Ferne ein winziges Fünkchen Licht sah. Kam es von dem Hotel auf der Schynige Platte, zu dem wir vor 13 Jahren gegangen waren? Wie weit war das Licht entfernt? Zwei bis drei Kilometer? Hatte ich die Kraft, noch so weit zu gehen?

Vor Erschöpfung stolperte ich und fiel zu Boden. Ich kam hart auf und blieb mehrere Minuten wie benommen dort liegen. Dabei dachte ich darüber nach, dass es möglicherweise darauf hinauslief, dass ich die Nacht genau hier auf dem Boden verbringen und darauf warten musste, dass jemand vorbeikam und mich fand.

Ich schien nichts anderes mehr tun zu können, als zu beten.

»Vater«, sagte ich laut, während ich dort lag, »ich stecke in ernsthaften Schwierigkeiten. Daran bin ich selbst schuld. Ich hätte nicht versuchen sollen, diesen Weg allein zu wandern. Ich weiß nicht, wie weit ich noch gehen muss. Ich weiß nicht, ob schlechtes Wetter aufzieht. Ich weiß nicht, wie kalt es wird, falls ich hier auf dem Berg übernachten muss. Ich weiß nicht einmal, ob ich irgendwelche ernsthaften Verletzungen habe.«

Während ich betete, kehrten meine Gedanken zu meinem guten Freund Al zurück, der jetzt im Himmel ist. Er hatte sich dazu gezwungen, all diese Kilometer mit einem Minimum an Kraft zu gehen. Er war entschlossen gewesen, mit mir jeweils die 100 Schritte durchzuziehen.

Dass Al das an diesem Tag gepackt hatte, lag zu einem großen Teil daran, dass er Arm in Arm mit mir gegangen war; an den Worten und Gebeten, die ich ihm ins Ohr gesagt hatte, und an den Liedern, die ich ihm vorgesungen hatte, während wir vorwärtsstolperten.

Und jetzt war ich es, der genau diese Ermutigung und Freude brauchte. Da kam von irgendwo in meinem Inneren eine heftige Woge der Entschlossenheit. Ich erinnere mich lebhaft an diesen Moment. Ich rief mir selbst zu: »Ich werde diesen Weg bezwingen. Ich werde dieses Hotel erreichen, und wenn es die ganze Nacht dauert. Von jetzt an, bis ich dort bin, geht es 100 Schritte und ausruhen … 100 Schritte und ausruhen …«

Ich versuchte mir vorzustellen, wie der Arm Jesu meinen Arm umfasste, so wie ich damals Alberts Arm umfasst hatte.

Ich kämpfte mich zurück auf die Füße und machte einen Schritt … und noch einen Schritt … und noch einen. Ich versuchte zu singen, wie ich damals auf demselben Weg für Albert gesungen hatte. Ich versuchte zu beten, wie ich für Albert gebetet hatte. Ich versuchte mir vorzustellen, wie der Arm Jesu meinen Arm umfasste, so wie ich damals Alberts Arm umfasst hatte.

Während ich zentimeterweise vorwärtsschritt, stürzte ich noch weitere Male; gab es weitere Momente, in denen ich der Erschöpfung beinahe das Feld überließ und darüber nachdachte, aufzugeben und mich nicht mehr weiter anzustrengen. Aber die Entschlossenheit, bis zum Ende des Pfads weiterzugehen, gewann jedes Mal die Oberhand.

Und dann (vielleicht eine Stunde später?) erreichte ich das Hotel auf der Schynige Platte. Die letzten 100 Meter des steilen Anstiegs bis vor die Tür des Hotels kroch ich geradezu. Vielleicht unterschätze ich mich, aber ich bezweifle noch immer, dass ich es bis zum Hotel geschafft hätte, wenn der Pfad auch nur ein paar Meter länger gewesen wäre. Es schien, als hätte Jesus mir gerade genug (gerade genug!) Kraft für diesen Weg gegeben.

Als ich an dem Hotel ankam, fiel mir auf, dass sowohl im Inneren als auch von außen alles dunkel und verlassen schien, und ich bekam Angst, dass das Hotel geschlossen und niemand mehr dort war. Trotzdem klopfte ich laut an die Tür, mehrmals. Dann ging plötzlich in der Hotellobby ein Licht an und gleich darauf konnte ich die Schritte einer sich nähernden Person hören. Es war eine junge Frau, die offenbar in der Küche des Hotelrestaurants arbeitete, in dem einige Übernachtungsgäste zu Abend aßen.

Sie müssen sich vorstellen, wie ich aussah, als sie mir die Tür öffnete. Von meinen Verletzungen war Blut überall an meinen Händen und in meinem Gesicht. Auch an meiner Kleidung war Blut.

Einen Moment lang sah sie mich schweigend an. Dann fragte sie: »Haben Sie reserviert?«

»Reserviert?«, wollte ich sagen, »Sie machen wohl Witze. Sehen Sie mich an: Sehe ich aus wie jemand, der reserviert hat?« Aber stattdessen schaffte ich es, zu murmeln, dass ich nicht reserviert hatte, aber dringend etwas zu essen und einen Schlafplatz brauchte, und wenn ich auf dem Boden schlafen müsste.

»Kein Problem«, sagte sie und bat mich herein.

Ich kann mich nicht erinnern, jemals in meinem Leben eine größere Erleichterung gespürt zu haben als in diesem Moment. Ich hatte den sicheren Ort erreicht und wurde willkommen geheißen.

An der Wand in meinem Büro hängt inzwischen eine große, gerahmte Fotografie von der Stelle des First-Schynige-Platte-Wegs, an der Al und ich uns vor Jahren versprachen, miteinander den Weg in Hundert-Schritt-Etappen bis zum Ende zu gehen. Jedes Mal, wenn ich das Bild ansehe (und im Laufe eines Tages sehe ich es oft an), denke ich an diese erstaunliche Möglichkeit, die wir als Kinder Gottes haben, uns gegenseitig zu ermutigen und einander zu befähigen, größere Dinge zu vollbringen, als es jeder von uns alleine jemals könnte. Das ist Freundschaft!

Und ja, falls Sie sich als Leser fragen … Diesen Pfad werde ich nie wieder gehen … ohne dass mich jemand begleitet.

Für mich ist die Schweiz schon immer wie eine Predigt in Sachen Schönheit. Ein Ort, an dem Gott, wie ich glaube, sein wahres Wesen in der gewaltigen Pracht der Berge, der Täler, der Flüsse und Seen zeigt. Sie ist immer ein Ort geistlicher Erneuerung und Neuorientierung. Mit einem Schmunzeln sage ich manchmal zu Leuten: »Wenn ihr wissen wollt, wie der Himmel ist, dann müsst ihr in die Schweiz reisen.«

3 Gemeinschaft. Über tiefe Erkenntnisse und echte Vorbilder

Der Dünenhof von oben

Die WegGemeinschaft

Vor vielen Jahren bekam ich einen Brief aus Deutschland. Der Absender war Manfred Pagel, der Leiter des deutschen Tagungs- und Gästezentrums Dünenhof bei Cuxhaven in Niedersachsen.

In diesem Brief schrieb Herr Pagel, dass er und eine kleine Gruppe von Christen, die sich WegGemeinschaft nennen, einige meiner Bücher gelesen hätten. Sie fragten, ob ich mir vorstellen könnte, zum Dünenhof zu kommen und ein Wochenendseminar über die geistliche Reise des Christen zu halten. Außerdem stellte er mir die WegGemeinschaft vor. Sie umfasse nur neun Personen – vier Ehepaare und eine alleinstehende, berufstätige Frau – und bestehe bereits seit fünfzehn Jahren als Lebensgemeinschaft.

Beim Lesen von Manfred Pagels Brief bemerkte ich, dass er das Wort »Gemeinschaft« in einem Sinn verwendete, der mir nicht geläufig war. Er beschrieb eine Gruppe von Menschen, die ihren Glauben konsequenter lebten als die meisten Kirchengemeinden.

Als ich meine eigenen Erfahrungen als Christ mit dem verglich, was Manfred Pagel über die WegGemeinschaft berichtete, wurde ich richtig neugierig. Ich hatte bisher ein typisch amerikanisches christliches Leben geführt: mit einem Glauben, der von einem persönlichen Verhältnis zwischen Jesus und mir ausging. Dieser Glaube aber war auf dem Gebiet, von dem Manfred schrieb, eher schwach ausgeprägt: Da war eine Gruppe von Menschen, die sich nicht nur Jesus, sondern auch einander verpflichtet hatten.

Ich dachte zurück an einen christlichen Bekannten aus China, der mich einmal über meine sogenannte persönliche Beziehung zu Jesus sprechen gehört hatte. Er meinte daraufhin: »Ihr Amerikaner habt das Problem, dass ihr gerne sagt: ›Jesus spricht zu mir.‹ Sag mir, an wie vielen Stellen in den Evangelien Jesus zu einem seiner Jünger alleine spricht. Deshalb sagen wir asiatischen Gläubigen lieber, dass Jesus zu uns spricht. Zu uns! Wenn man nur alleine auf Jesus hört, kann es leicht vorkommen, dass man das Gehörte missversteht. Aber wenn man in einer Ge-

Wenn man in einer Gemeinschaft zusammen auf Jesus hört, wird man wahrscheinlich besser verstehen, was Jesus wirklich sagt.

meinschaft zusammen auf Jesus hört, wird man wahrscheinlich besser verstehen, was Jesus wirklich sagt.«

Etwa zur gleichen Zeit, als ich Manfred Pagels Brief über den Dünenhof und die WegGemeinschaft bekam, fand ich einen Abschnitt in einem Buch in meiner Bibliothek von den amerikanischen Missiologen Paul und Francis Hiebert:

> *Wahre Gemeinschaften gründen sich auf der Erkenntnis, dass der unabhängige Einzelne als Person unvollständig ist. Zu einer vollständigen Person wird man erst in einer Gemeinschaft.*

Mir war zwar vertraut, dass es in Kirchengemeinden Kleingruppen gibt, die zu Bibelarbeiten zusammenkommen und christliche Gemeinschaft pflegen, ich hatte aber noch nie von Gruppen gehört, die sich lebenslang nicht nur Jesus, sondern auch einander verpflichtet hatten.

In den folgenden Jahren stellte ich fest, dass es in ganz Deutschland viele solcher Lebens- und Arbeitsgemeinschaften wie die WegGemeinschaft gibt. Vielleicht waren sie eine Reaktion auf die Enttäuschung, die manche Menschen in der großen Institution Kirche erfuhren. Es war nicht so, dass sie die organisierte Kirche verlassen wollten. Sie wünschten sich einfach mehr Ermutigung zu einem tieferen Glauben in ihrer Christusnachfolge.

Nun hielt ich also eine Einladung einer dieser Lebensgemeinschaften – der WegGemeinschaft – in den Händen. Ich sollte darüber nachdenken und beten, ob ich die lange Reise nach Deutschland antreten wolle, um über geistliche Disziplinen und Gnadengaben zu sprechen. Was sollte ich darauf antworten?

Einen Moment lang dachte ich daran, dass ich noch nie in Norddeutschland gewesen war und manche der Hansestädte wie Hamburg, Bremen, Lübeck und Rostock gerne einmal kennenlernen würde. Die Einladung zum Dünenhof wäre meine Chance, genau dies zu tun.

Aber der Drang, fremde Orte kennenzulernen, war kein ausreichender Grund zu behaupten, Gott hätte mich dazu berufen, am Dünenhof zu sprechen. Gail und manche meiner Freunde würden mich mit ihrem scharfen Urteilsvermögen schnell durchschauen.

Andererseits konnte ich eine gewisse Neugier auf diese mir noch unbekannten Leute, die sich als Gemeinschaft auf dem Weg bezeichneten, nicht leugnen. Ich darf noch einmal betonen, dass ich bis dahin noch wenig von solchen kleinen Gruppen mit ungewöhnlichen Namen gehört hatte, die kleine Konferenzzentren betrieben. Nun hätte ich Gelegenheit, eine davon kennenzulernen.

Dann kam mir ein dunkler Gedanke. Könnte die WegGemeinschaft eine Art Sekte sein? Könnte es eine seltsame, verrückte Gruppe sein, die versuchte, Menschen wie mich zu Veranstaltungen zu locken, für die ich meinen Namen lieber nicht hergeben wollte? Ich hatte von solchen Sekten schon gehört.

Dann aber fiel mir auf, dass Manfred Pagel im letzten Absatz drei amerikanische Schriftsteller und Pastoren nannte, die ich gut kannte. Wenn ich mich des guten Rufs der WegGemeinschaft versichern wollte, schrieb er, wären diese Leute gerne bereit, für die Seriosität der Gruppe zu bürgen.

Ich griff zum Telefon und rief einen der Männer an, die Manfred Pagel erwähnt hatte. Als ich ihm mein Anliegen nannte, äußerte er sich begeistert über die WegGemeinschaft und den Dünenhof und drängte mich, Manfred Pagels Einladung anzunehmen. Weiterhin versicherte er mir, wenn ich tatsächlich zum Dünenhof reiste, würde ich dort außerordentlich gut essen, zur Ruhe kommen, Frieden finden und die herrliche

Schönheit einer sehr ländlichen Region genießen. Natürlich versprach er mir überdies, dass es für mich eine wertvolle Erfahrung sein würde, Menschen aus ganz Deutschland, die sich nach geistlichem Wachstum sehnten, die Bibel näherzubringen.

Ermutigt von dieser Bestätigung, sagte ich zu und flog einige Monate später nach Frankfurt und von dort aus in den hohen Norden nach Bremen, wo mich mein Briefpartner Manfred Pagel in der Ankunftshalle erwartete. Mein erster Eindruck? Dieser Mann war ungewöhnlich groß und hatte ein gewinnendes Lächeln. Er sprach hervorragend Englisch und war in der Lage, sofort ein lebhaftes Gespräch zu eröffnen.

Im Auto auf der einstündigen Fahrt nach Norden zum Dünenhof erzählte er mir dann in groben Zügen die Geschichte der WegGemeinschaft: Vor vielen Jahren, als junge Erwachsene, hatten die neun Mitglieder einander ein Versprechen gegeben. Einfach ausgedrückt, würden sie versuchen, in enger räumlicher Nähe zueinander zu leben, sich gegenseitig Rechenschaft geben über ihren Gehorsam Jesus und seiner Lehre gegenüber und zu Leben und Gesundheit der weiter gefassten christlichen Bewegung in Deutschland beitragen.

Die Mitglieder gingen jeden Sonntag treu in ihren jeweiligen Gemeinden zum Gottesdienst, trafen sich aber auch zuverlässig jeden Montagabend, um miteinander zu essen. Jede Woche feierten sie gemeinsam das Abendmahl und nahmen sich Zeit für eine Bibelarbeit. Mit der Zeit wuchs die Offenheit untereinander und sie teilten einander immer mehr auch ihre persönlichen Probleme, Kämpfe und Chancen mit.

Jede Woche feierten sie gemeinsam das Abendmahl und nahmen sich Zeit für eine Bibelarbeit.

Später fühlten sie sich berufen, sich noch stärker in die

christliche Bewegung in Deutschland einzubringen. Da wurde ihnen von der bundesdeutschen Regierung ein wunderschönes Konferenzzentrum namens Dünenhof zur Verfügung gestellt. War das so etwas, was wir Amerikaner ein »God-thing« nennen würden – ein Gottesgeschenk?

Als ich mit Manfred Pagel an diesem Tag zum Dünenhof fuhr, konnte ich nicht ahnen, dass Gail und ich am Beginn einer Freundschaft standen, die schließlich in eine Art lockerer Beteiligung an der WegGemeinschaft münden würde. Mit den Jahren nahmen wir immer mehr an den Freuden und den Segnungen der Gemeinschaft, an ihrer organisatorischen Planung, ihren Kämpfen und Enttäuschungen Anteil.

Ich hätte einige Mühe, auszurechnen, wie oft Gail und ich mittlerweile den Dünenhof besucht haben, um bei Seminaren und Festivals zu sprechen, aber ich kann getrost behaupten, dass es viele, viele Male waren. Seit dem ersten Besuch haben uns die neun Mitglieder der Gemeinschaft immer wieder versichert, dass wir als Teil ihres Lebens geliebt und angenommen sind. Das ist für uns immer wieder ein echter Ausdruck christlicher Gemeinschaft, eine wertvolle und bereichernde Erfahrung.

Wer neugierig ist, wie der Dünenhof aussieht, kann das Konferenzzentrum googeln. Auf einer Satellitenkarte ist es nicht schwer zu finden. Es liegt an der Nordsee im Dorf Arensch. Diese Region ist bekannt für ihre ungewöhnlichen ozeanischen Gezeiten, aber auch für die vielen Zugvogelarten, die auf ihrem Weg zwischen der Arktis und den afrikanischen Wüsten über sie hinwegfliegen. Auch die Flora ist einzigartig und sehenswert.

Während des Schuljahres kommen immer wieder Klassen von öffentlichen deutschen Schulen dorthin, um etwas über Ökologie im besonderen Umfeld der Region zu lernen. An den Wochenenden reisen Christen aus allen deutschsprachigen Teilen Europas an, um an Vorträgen über die Bibel, an Leiterschaftsschulungen, Gottesdiensten und Meditationsübungen teilzunehmen.

Wenn Gail und ich am Dünenhof sind, wandern wir gerne viele Kilometer an der Küste entlang oder auf Feldwegen in die nahen Wälder. Ich murmele immer wieder Worte vor mich hin, wie ich sie auch über die Schweiz gebraucht habe: »Eine Ecke im Himmel wird so sein wie der Dünenhof: stille Orte, bunte Blumen und majestätische Bäume.« Das alles gibt einem das Gefühl von Sicherheit in einer gefährlichen Welt.

Echte Gemeinschaft und ihre Folgen

Die Mitglieder der WegGemeinschaft sind ungewöhnliche Menschen. Keiner von ihnen gleicht irgendeinem der anderen acht. Jeder trägt eine besondere Gabe bei, die nicht nur den anderen, sondern darüber hinaus auch den Besuchern des Dünenhofs zugutekommt. Die neun sind weder wohlhabend noch wollen sie übermäßig bekannt sein.

Und doch sind sie ein Vorbild für etwas, das mittlerweile seit 35 Jahren besteht: eine tiefe, bindende, praktische Treue. Sie zeigen die Art von Liebe zur Gemeinschaft, von der Jesus sprach und die die heutige christliche Bewegung so dringend nötig hat. Dies habe ich erlebt.

In den letzten Jahren habe ich Lust bekommen, mich näher damit zu beschäftigen, wie Gemeinschaft durch die Jahrhunderte praktiziert wurde.

Zum Beispiel brachte Tertullian (2. Jahrhundert) seine Gedanken darüber folgendermaßen zum Ausdruck: »Es ist unsere Sorge für die Hilflosen, unsere Praxis liebender Freundlichkeit, die uns in den Augen vieler unserer Gegner kennzeichnet. ›Schaut doch nur‹, sagen sie, ›schaut, wie sie einander lieben … Schaut, wie sie bereit sind, füreinander zu sterben.‹«

Ähnliche Worte sind auch zu anderen Zeiten im Leben der christlichen Kirche zu finden. Und wo immer diese Art von Gemeinschaftsgeist zu Hause ist, geschehen einige der folgenden Dinge:

Man sieht, wie Menschen in schwierigen Zeiten und großen Herausforderungen einander beistehen. Wenn bei einem der Glieder einer solchen Gemeinschaft etwas schiefgeht, treten die anderen sofort für ihn ein. Dort leidet niemand für sich allein.

In diesen Gemeinschaften legen die Einzelnen voreinander Rechenschaft ab. Jedes Glied ermutigt die anderen auf seine ganz eigene Weise, Jesus Christus immer besser kennen- und lieben zu lernen. Oder andersherum ausgedrückt: Wahres Christentum geschieht nicht dort – es kann nicht dort geschehen –, wo es Menschen egal ist, ob Glaubensgeschwister sich in Sünde verstricken.

In echter christlicher Gemeinschaft ist überfließende Gnade zu finden. Die Einzelnen vergeben einander bereitwillig, wenn es in einer Beziehung Verletzungen gegeben hat. Und sie bemühen sich, nicht so leicht beleidigt zu sein, wenn ihnen Unrecht geschieht.

Es herrscht eine positive Atmosphäre. Es wird viel gelacht. Man sitzt gerne beieinander, spielt, genießt eine gute Mahlzeit oder ein Glas Wein oder bringt zusammen etwas Schönes zustande.

In einer frommen Gemeinschaft geschieht viel Ermutigung. Die Einzelnen erinnern einander daran, dass sie erstgeborene Söhne und Töchter im Haus des Herrn sind. In Gesprächen geht es nie darum, einander »niederzumachen«, sondern einander aufzubauen.

Die Glieder einer solchen Gemeinschaft, von der hier die Rede ist, wissen zu schätzen, was jeder Einzelne zum gemeinsamen Ziel der Gruppe beiträgt. Jedem wird vermittelt, dass er ein unverzichtbarer Teil des Ganzen ist. Keiner legt die Hände in den Schoß, alle dienen mit ihren Gaben und sind sich ihrer Berufung bewusst.

In einer echten Gemeinschaft von Gläubigen herrscht Loyalität. Man geht einander nicht aus dem Weg und bricht keine Versprechen; man schneidet einander nicht das Wort ab, wenn man einmal anderer Meinung ist. Die Glieder richten ihr Leben so ein, dass sie füreinander verfügbar sind. Und in dem allen erleben sie die Gegenwart Jesu.

In einer echten Gemeinschaft von Gläubigen herrscht Loyalität.

Schließlich hören solche Gemeinschaften auf einen Ruf von Gott. Sie sind überzeugt, dass sie nicht einfach dazu da sind, sich ein schönes Leben zu machen oder sich zu schützen, sondern in der Welt, in der sie leben, etwas zu bewirken.

Die Berufung der WegGemeinschaft war der Dünenhof und die Mitarbeit bei den Konferenzen dort. Über die Jahre sind Abertausende von Menschen aus ganz Europa dorthin gekommen, um ihr Leben nach einer Krise neu zu ordnen, ihre Liebe zu Christus zu stärken, gleichgesinnte Gläubige zu treffen und Freundschaften fürs Leben zu schließen.

Wenn Gail und ich gefragt werden, was das Wichtigste sei, das wir bei unseren Aufenthalten am Dünenhof gelernt haben, sprechen wir von der Kraft, die dort spürbar ist, wo Menschen gemeinsam im Namen Jesu unterwegs sind. Dieses Leben-Teilen, das wir an unseren Freunden gesehen haben, hat uns gelehrt, dass nichts unmöglich ist, wenn Menschen Gott zusammen dienen.

Vor Jahren dachte der südafrikanische Bischof Tutu an diese Kraft, als er sagte: »Hier in Afrika sagen wir: ›Eine Person wird erst durch andere Personen zur Person.‹ Der einsame Mensch ist ein Widerspruch in sich selbst. Ich brauche dich, um ich zu sein, so wie du mich brauchst, um du zu sein. Wir sind zu einem zarten Netz verwoben. Ich habe Gaben, die du nicht hast, und du hast Gaben, die ich nicht habe … Wir sind so unterschiedlich geschaffen, dass wir wissen, wir brauchen einander. *Der völlig selbstgenügsame Mensch ist unmenschlich*« (Hervorhebung von mir).

Ich habe an vielen anderen Orten dieser Welt gelebte Gemeinschaft kennengelernt. Aber wenn ich ein besonders gelungenes Beispiel nennen sollte, dann ist das der Dünenhof. Er konnte – durch Gottes Kraft – entstehen, weil neun Leute beschlossen, ein Leben lang zusammenzustehen.

Die Liebe ist entscheidend

Vielleicht ist es nun ein wenig besser verständlich, warum Europa für Gail und mich so etwas wie ein zweites Zuhause geworden ist. Ich kann es nicht anders ausdrücken, als dass ich diesen Kontinent lieben gelernt habe.

Ursprünglich habe ich es lieb gewonnen, weil meine Großeltern – die MacDonalds und die Nordquists – es liebten und schon, als ich noch ein kleiner Junge war, für mich die Vision hatten, dass ich einmal dorthin reisen würde.

Dann liebe ich Europa, weil ich seine Schönheit und seine Kultur kennengelernt habe – zum Beispiel in der Schweiz. Überall dort, wo Schönheit ist, ist Gott gegenwärtig. Und schließlich liebe ich es, weil es mir eine Ahnung von Jesus-zentrierter Verbundenheit gegeben hat, von einer Gemeinschaft, in der Gottes Leute gemeinsam danach streben, in der Liebe Christi unterwegs zu sein.

Die Liebe zu Europa (insbesondere Deutschland) liegt auch noch aus einem anderen Grund tief in meinem Herzen. Es ist der Einfluss deutscher Christen aus den letzten Jahrhunderten, die mich vom biblischen Prinzip christlicher Gemeinschaft so stark überzeugt haben.

Wenn ich auf das kirchliche Leben in meiner Kindheit zurückblicke, wurde mir vor allem die Wichtigkeit von Evangelisation, Bibelwissen und der richtigen Lehre beigebracht. Aber das ist letztlich ein einsamer Glaube.

Der Druck, Jesus »in mein Herz aufzunehmen«, nahm ab dem Alter von drei Jahren beständig zu. Es dauerte nicht lange, bis ich herausfand, dass ich meine Mutter, meine Großmutter und meine Sonntagsschullehrer sehr glücklich machen konnte, wenn ich meine Hand immer dann hob, wenn irgendjemand die Kinder einlud, ihr Leben Jesus zu geben. Ich habe mich in den ersten fünf Jahren meines Lebens mindestens 25-mal »bekehrt«.

In der Gemeinde gab es Menschen, die mich liebten und mir von Herzen ein von Gott gesegnetes Leben wünschten. Aber diese Beziehungen schienen von bestimmten Bedingungen abzuhängen: davon, das Richtige zu sagen, das Richtige zu tun, das Richtige zu glauben. Raum für Fehler gab es kaum. Und genauso wenig gab es Gnade, wenn jemand scheiterte.

Dieses christliche Leben, das meine ersten Lebensjahre prägte, drehte sich stark um die Gemeinde und schuf eine Atmosphäre des Argwohns und der Kritik. Ich lernte, mich so zu verhalten, dass niemand mein Heil infrage stellte. Niemand sollte an mir etwas entdecken, das nicht zur Ehre Jesu war.

Das Konzept der Treue hatte viel damit zu tun, was »man« nicht tun durfte: Rauchen, Trinken, ins Kino gehen, sich am Sonntag amüsieren.

Diese Art von christlichem Leben leistete Heimlichkeiten

und Heuchelei Vorschub. Ich lernte also schon sehr früh, niemanden zu nah an mich herankommen zu lassen, nicht einmal meine Mutter oder meinen Vater.

Schon oft habe ich ein Lied zitiert, das wir als Kinder gesungen haben und das diese Solomentalität ausdrückt. Es hat auch seinen Weg nach Deutschland gefunden:

Wenn du Jesus kennst
bist du nicht einsam mehr,
er hält die Wacht
auch in der Nacht.

Geh mit ihm den Weg,
denn Jesus hält dich fest.
Bist du allein,
wird er bei dir sein.

Unsere amerikanische Version geht sogar so weit, zu behaupten, wer Jesus kenne, könne ganz allein auf dem rechten Weg bleiben, er brauche niemand anderen.

Erst als Erwachsener habe ich über dieses Lied nachgedacht, das mir als Kind in Herz und Seele eingehämmert worden war. Und ich kam zu dem Schluss, dass das Lied falsch war; es enthielt eine fragwürdige, falsche Theologie, selbst wenn es in meiner Kindheit einen zentralen Punkt der kirchlichen Lehre darstellte.

In Wirklichkeit ließ es eine grundlegende Wahrheit der Schrift außer Acht, nämlich dass ich, wenn ich Christ werde, nicht nur Christus annehme (wobei ich lieber sage, dass Christus mich angenommen hat), sondern auch meine Mitchristen. Jesus sagte dies deutlich, als er seine Jünger aufforderte, einander zu lieben, und hinzufügte, diese Liebe zueinander sei der wesentliche Beweis dafür, dass ein Mensch sein wahrer Jünger sei.

Vielleicht empfand ich deshalb eine so starke Verbundenheit mit meinen Großeltern (Thomas und Adina). Ich sah an ihnen viel Glaubensdisziplin, aber es lag etwas Sanftes in dem, was sie glaubten, eine Barmherzigkeit und ein Mitgefühl für zerbrochene, leidende oder geistlich verlorene Menschen. Und selbst ich hatte als kleines Kind die Freiheit zu sagen: »Es tut mir leid«, wenn ich etwas Böses getan hatte. Großmutter mag streng gewesen sein und hohe Ansprüche gehabt haben, aber sie konnte auch vergeben und jedem von uns helfen, mit unserer Gebrochenheit umzugehen.

Wenn ich Christ werde, nehme ich nicht nur Christus an, sondern auch meine Mitchristen.

Auf den Gedanken der Gemeinschaft unter Christen wurde ich erst in Deutschland aufmerksam, als ich erfuhr, wie Menschen, die unsere Freunde wurden, dies lebten. Das heißt, streng genommen war ich auf das Konzept der Gemeinschaft schon früher gestoßen, nämlich beim Lesen der deutschen Pietisten Johann Arndt, Philipp Jacob Spener und August Hermann Francke. Über sie lernte ich Graf Nikolaus von Zinzendorf schätzen, den Vater der Bewegung der Herrnhuter Brüdergemeine, die die englische und später die frühe amerikanische Christenheit so stark beeinflusst hat.

Zinzendorf machte mir bewusst, wie wichtig christuszentrierte Beziehungen sind, die dadurch bereichert werden, dass Jesus durch seinen Geist gegenwärtig ist. Er und die anderen brachten mich zu einem neuen Verständnis der Worte Jesu: »Wo zwei oder drei versammelt sind, da bin ich mitten unter euch« (vgl. Matthäus 18,20).

Zinzendorf hatte behauptet: »Es kann kein Christentum ohne Gemeinschaft geben.« Dies war eine kühne Behauptung in einer Zeit, in der die protestantische Bewegung in einem allzu engstirnig dogmatischen Glauben steif und starr geworden war. Er war sich vielleicht gar nicht bewusst, dass er hiermit der amerikanischen Sicht etwas entgegensetzte, die damals – und auch heute noch – den Glauben vor allem als Privatsache des Einzelnen betrachtete.

Als englische oder amerikanische Christen verdanken wir Zinzendorf und der Herrnhuter Brüdergemeine die Bekehrung des Engländers John Wesley. Wesley war es, der, von Zinzendorf beeinflusst, eine der größten Kirchenbewegungen der Geschichte gründete: die Methodisten.

Zu Wesleys größten Errungenschaften beim Predigen des Evangeliums im England des 18. Jahrhunderts gehörte die Vision, neu bekehrte Christen in Kleingruppen zusammenzubringen, die er Klassen nannte. Wenn ein Mensch nicht einer Gemeinschaft einiger treuer Christen angehörte, schien er Wesley nicht wirklich erlöst zu sein. Dieses Gemeinschaftsgenie brachte einen neuen, lebendigen christlichen Glauben hervor, der sich im 19. Jahrhundert wie ein Lauffeuer verbreitete.

Solange die Methodisten Wesleys Konzept der Gemeinschaft in diesen »Klassen« (Kleingruppen) praktizierten, wuchs ihre Bewegung weltweit beträchtlich. Aber wo immer sie dieser Gemeinschaft keine Priorität einräumten, schrumpfte ihre Zahl.

4 Der Dolmetscher. Über eine besondere Beziehung

Mit meinem »Herzensübersetzer« Uli Eggers

Überlebenswichtig

Es war nichts Ungewöhnliches, bei meinen Großeltern (MacDonald) Besucher aus allen Teilen Europas anzutreffen. Zu den Mahlzeiten nahmen oft ein Dutzend Leute um den Esstisch Platz und reichten die Platten herum. Darunter jemand aus Russland, vielleicht ein polnisches Ehepaar, ein junger Mann oder eine junge Frau aus Dänemark und manchmal noch zwei oder drei deutsche Flüchtlinge.

Zuweilen sprachen ein oder zwei am Tisch so viel Englisch, dass eine kleine Unterhaltung möglich war. Aber allzu oft saßen wir schweigend beieinander und konnten uns nicht verständigen. Wir hätten natürlich einen Dolmetscher gebraucht.

Ich habe die Männer und Frauen, die in der Lage sind, einem Sprecher zuzuhören und das Gehörte sofort in eine andere Sprache zu übertragen, schon immer bewundert. Ohne die Bemühungen eines Dolmetschers wäre so manche Kommunikation gar nicht möglich. Manchmal können sie sogar über Leben und Tod entscheiden.

Ich erinnere mich an einen Tag – ich war schon nicht mehr ganz jung –, an dem es mich fast das Leben gekostet hätte, dass ich keinen Dolmetscher hatte.

Begleitet von zwei amerikanischen Missionaren war ich tief in den Urwald des Amazonas geflogen. Wir wollten zwei Wochen in einem Dorf bei Eingeborenen verbringen, das erst kurz zuvor von Anthropologen entdeckt worden war.

Nach einigen Tagen wurden wir eingeladen, mit auf die Jagd zu gehen. Ein Dorfbewohner hatte einen Keiler gesehen, der aufgespürt werden sollte. Die Gruppe der Jäger bestand aus ungefähr einem Dutzend Männern unterschiedlichen Alters, die alle den Dschungel gut kannten. Und dann waren da wir drei, die wir absolut nicht imstande waren, uns in dieser Umgebung zu orientieren, sollte irgendetwas schiefgehen.

Es kam, wie es kommen musste: Es ging etwas schief.

Ungefähr eine Stunde lang waren die Jäger schon strammen Schrittes durch die Wildnis gezogen und wir drei hatten versucht, mit ihnen mitzuhalten. Sie liefen alle im Gänsemarsch, denn es gab keine erkennbaren Wege oder Markierungen. Als wir schließlich eine Pause einlegten, befanden wir uns wohl sieben oder acht Kilometer vom Dorf entfernt mitten im Dschungel.

Plötzlich meinten die Jäger, ihre Beute auf der Flucht erspäht zu haben. Sie deuteten uns weißen Männern durch Gesten an, zu warten, bis sie – hoffentlich mit dem Keiler als Beute – zurückkommen würden. Der Chef der Gruppe wies einen etwa 12-jährigen Jungen an, bei uns zu bleiben.

Doch wenige Minuten nachdem die Jäger verschwunden waren, hatten wir ein Problem. Einer unserer Missionare fiel plötzlich in Ohnmacht. Von einem Moment auf den anderen waren wir in einer brenzligen Situation. Es war klar, dass jemand so schnell wie möglich ins Dorf zurückkehren und Medikamente holen musste, sonst würde dieser Mann vor unseren Augen sterben.

Wer aber könnte dies tun? Anscheinend kam nur ich dafür infrage. Und wer könnte mir den Rückweg durch einen nicht markierten, dunklen, gefährlichen Urwald zeigen? Nur dieser 12-Jährige, der kein Wort Englisch sprach.

Wir brauchten einige Minuten, um ihm mit Händen und Füßen zu erklären, dass wir seine Hilfe brauchten. Er sollte mich zurück ins Dorf begleiten und, sobald ich die erforderlichen Medikamente gefunden hätte, wieder zu meinem kranken Kollegen bringen.

Als der Junge unseren Plan verstanden hatte, sprang er sofort auf und rannte mit der Geschwindigkeit eines sportlichen Jugendlichen in Richtung Dorf. Mir blieb nichts anderes übrig, als zu versuchen, mit seinem Tempo mitzuhalten.

Sollte ich erwähnen, dass uns unser Weg durch Sumpfland führte, in dem sich fremdartige Tiere tummelten, und dass wir uns vor riesigen Anaconda-Schlangen sowie vor Spinnen und anderen gruseligen Insekten, die von den Bäumen herabhingen, in Acht nehmen mussten?

An all dies galt es zu denken, während ich versuchte, diesen agilen Dorfjungen nicht aus den Augen zu verlieren, der offensichtlich einen Weltrekord im Zehntausend-Meter-Lauf aufstellen wollte. Sollten wir uns verlieren, sollte ich stürzen oder mich verletzen, würde mich wohl niemand mehr finden. So gerne hätte ich dem Jungen dies verständlich gemacht. Aber ich konnte es nicht!

Mein Problem? Ich hätte dringend einen Dolmetscher gebraucht.

Aber natürlich war keiner da, also musste ich mit meinen vierzig Jahren im Tempo eines Zwölfjährigen laufen, der keine Ahnung hatte, dass das Herz in meiner Brust schier zu zerspringen drohte.

Mein Problem? Ich hätte dringend einen Dolmetscher gebraucht.

Wir beide kamen tatsächlich im Dorf an, ich fand die nötigen Medikamente und wir kehrten dorthin zurück, wo wir aufgebrochen waren. Der Missionar erholte sich schließlich und schaffte es zurück ins Dorf. Und ich hatte wieder eine wunderbare Geschichte, die ich in Predigten, Lesungen und Büchern wie diesem erzählen konnte.

Wie Lieder verbinden

Vor einigen Jahren waren wir bei einem moldawischen Pastor und seiner Frau zu Gast. Die Gastfreundschaft der beiden war unübertrefflich. Es gab nur ein Problem. Als wir vier jeden Abend vor dem Schlafengehen noch eine Weile zusammensaßen, war keinerlei Unterhaltung möglich, denn niemand von uns sprach die Sprache des anderen.

An einem Abend während unseres Besuchs nahm mich der moldawische Pastor mit, als er sich mit einigen christlichen Leitern zum Essen traf. Der Abend verlief gut, da es einen hervorragenden Übersetzer gab. Aber auf der Heimfahrt versiegte jede Konversation, weil wir unter uns waren.

Mehr als eine Stunde dauerte die nächtliche Fahrt zum Haus

des Pastors. Schweigend saß ich auf dem Beifahrersitz und weiß noch, wie ich dachte: Das ist doch verrückt! Wir sind zwei ausgebildete Theologen, die ihr Leben damit verbringen, mit Menschen zu kommunizieren, aber ohne Dolmetscher können wir einander die einfachsten Dinge nicht sagen.

Und dann kam mir plötzlich ein Gedanke: Wir beide haben doch etwas gemeinsam. Einmal natürlich unsere Liebe zur Bibel, aber wir kennen auch beide viele christliche Choräle. Die Melodien und die Bedeutung der Worte sind uns vertraut.

Also stimmte ich auf Englisch einen Choral an: Holy, Holy, Holy, Lord God Almighty (Heilig, heilig, heilig, bist du Gott allmächtig). Mit Gesten ermunterte ich ihn, in Russisch mitzusingen. Bald hatten wir alle vier Verse dieses großartigen Kirchenlieds gesungen. Und wir wussten beide, dass wir in der Musik das Gleiche ausgedrückt hatten. Der Liederdichter war sozusagen unser Dolmetscher.

Dann stimmte der Pastor in seiner Sprache My Jesus I Love Thee, I Know Thou Art Mine (Mein Jesus, ich liebe dich, ich weiß, du bist mein) an, und wieder kannten wir die Gedanken des anderen, denn wir sangen das gleiche Lied. Auf unserer Fahrt durch die Nacht sangen wir einen Choral nach dem anderen … gemeinsam.

Als wir beim Pastor zu Hause angekommen waren, war uns bewusst, dass wir eine heilige Verbindung gespürt hatten. Er stieg aus, kam herüber auf meine Seite, umarmte mich und sagte die einzigen englischen Worte, die er kannte: »I love you.«

Wir waren beide Pastoren, dieser Mann und ich, die Tausende von Meilen voneinander entfernt in völlig unterschiedlichen Kulturen lebten und unterschiedliche Muttersprachen hatten. Aber wir hatten dank der Übersetzung der Texte eine tiefe Verbindung gespürt: Der Geist Gottes, der alle Sprachen versteht, und die Gedanken von einigen großartigen Liederdichtern, übersetzt in unsere jeweilige Muttersprache, hatten uns zusammengebracht.

Mein bester Dolmetscher

Ich lernte Uli Eggers auf meiner ersten Deutschlandreise kennen. Er und seine Frau Christel, die zu den Gründungsmitgliedern der WegGemeinschaft gehören, waren da, um mich willkommen zu heißen. Das Erste, was mir an Uli auffiel, war sein nahezu perfektes Englisch ohne jeden Akzent.

Deshalb dauerte es gar nicht lange, bis Uli und ich mehr als nur gute Freunde wurden. Zwischen uns gab es etwas, was sich schwer definieren lässt. Ich nenne es eine Herzensbeziehung.

Ein Redner und sein Übersetzer erfahren im Laufe ihrer Zusammenarbeit viel voneinander: über ihre jeweilige Herkunft, wo sie zur Schule gegangen sind, über ihr Familienleben und ihre Erfahrungen in der Nachfolge Jesu.

In den folgenden Jahren reisten Uli Eggers und ich zusammen in etliche deutsche Großstädte. Auf diesen Touren stand er jeden Tag stundenlang an meiner Seite und übersetzte meine Gedanken und Worte für Pastoren und christliche Leiter. Er gab mir so manchen guten Rat hinsichtlich meiner Wortwahl oder der Richtung, die ich in einem Vortrag einschlagen wollte. Er muss gespürt haben, dass ich mich in der deutschen Kultur zu Hause fühlte, denn er tat sein Bestes, mir das Wesen der Deutschen immer mehr aufzuschließen. Manchmal nahm er sich die Freiheit, mich liebevoll zu kritisieren, sagte es mir auf der anderen Seite aber auch sofort, wenn er den Eindruck hatte, ich spräche in der Kraft des Heiligen Geistes.

Uli hätte vermutlich die meisten Fragen beantworten können, die mir gestellt wurden, und dies genauso gut, wenn nicht sogar noch besser als ich. Aber ich erinnere mich an keine einzige Situation, in der er versucht hätte, mir die Schau zu stehlen. Ich kann ohne Zögern sagen, dass Uli schon so lange meine »Stimme« ist, dass er weiß, was in meinem Kopf und in meinem Herzen vorgeht. Und es war immer klar, dass er mir den größtmöglichen Erfolg wünscht.

Uli Eggers lernte mit der Zeit meine Vortragstechnik. Wann immer ich vor deutschem Publikum spreche, fällt mir auf, dass er seine Stimme genau an derselben Stelle hebt wie ich. Er nimmt meine Gestik und meine Angewohnheiten auf. Er bewegt sich auf der Bühne fast synchron mit mir, als würden wir tanzen. Uli gibt den Zuhörern durch die Sprache ein Gefühl dafür, wer ich bin und was ich über Jesus glaube.

Er bewegt sich auf der Bühne fast synchron mit mir, als würden wir tanzen.

Er achtet darauf, nie von dem abzuweichen, was ich mit meiner Rede erreichen will. Will ich dem Publikum Wissen vermitteln? Will ich die Zuhörer zu etwas motivieren? Versuche ich, die Menschen zu überzeugen, etwas zu glauben, etwas zu ändern? Uli scheint immer zu merken, was ich gerade im Sinn habe, und er übersetzt meine Gedanken mit diesem Ziel ins Deutsche.

Nicht zuletzt lagen wir beide glaubenstechnisch schon immer auf einer Wellenlänge.

Wenn ich über diese Redepartnerschaft, die mich mit Uli Eggers schon so lange verbindet, nachdenke, fällt mir auf, dass ich damit auch einige wesentliche Elemente einer guten Freundschaft beschreibe.

Ich denke noch einmal zurück an jenen Tag vor einigen Jahren, als Uli und ich zusammen auf der Bühne der Schleyer-Halle in Stuttgart standen. Uli hatte meine Ankündigung zu Beginn, ich würde die Zuhörer am Ende meines Vortrags aufrufen, nach vorne zu kommen, gewissenhaft übersetzt.

War er genauso nervös wegen der Idee mit dem Aufruf wie ich? Ich weiß es wirklich nicht. Was ich aber weiß, ist, dass er mich an diesem Tag ermutigt hat wie kein anderer. Ohne seinen Rat, das zu tun, wozu Gott mich drängte, hätte es diesen Aufruf vermutlich nicht gegeben. Und das hätte natürlich bedeutet, dass mich auf meinen Deutschlandreisen niemals so viele Menschen immer wieder auf ihre Erfahrung in Stuttgart angesprochen hätten, auf den Tag, als sie nach vorne kamen, um sich neu zu Jesus Christus zu bekennen und seinem Ruf zu folgen.

Ich habe mein Leben lang das Vorrecht genossen, ein paar außergewöhnliche Freundschaften pflegen zu dürfen. Von manchen von ihnen lernte ich etwas, was mein Leben veränderte. Andere standen in Momenten des Scheiterns an meiner Seite. Einige begleiteten mich in einer Zeit persönlichen Leides. Und dann ist da dieser Freund, der mein Herz kennt und es versteht, eine Brücke von meinen Lippen zu den Ohren meiner Zuhörer zu bauen, von meinem Herzen zu ihren Herzen. Er ist ein echter Dolmetscher.

Ich kenne keinen besseren als meinen Freund Uli.

Segen bringen und gesegnet sein

Die Säkularisierung in Europa hat in den letzten Jahren immer mehr um sich gegriffen. Man hört, dass der Kontinent vor enormen Herausforderungen steht: vor dem Phänomen einer alternden Bevölkerung; vor der gewaltigen Aufgabe, viele Menschen aus anderen Teilen der Welt aufzunehmen, die einen Zufluchtsort vor Krieg und körperlichem Leid suchen; und schließlich vor der Frage, ob er bereit ist, sich wieder dem lebendigen Christus zuzuwenden und bei ihm Heil zu finden.

Vielleicht wird eine neue Generation neu entdecken, welche erstaunlichen Auswirkungen es hat, wenn das Evangelium ganzheitlich gelebt und kraftvoll verkündet wird.

Wieder einmal höre ich meine Großmutter die Geschichte des Mannes aus Mazedonien erzählen: *Komm herüber und hilf uns!* Und ich denke demütig über diese Worte nach. »Ich bin gekommen, um zu helfen«, will ich antworten. Aber diese Hilfe ist keine Einbahnstraße. Vielleicht haben Gail und ich manchmal einen kleinen Beitrag geleistet, aber wir haben mindestens genauso viel Hilfe empfangen und mit nach Hause genommen.

Gail und ich leben in Amerika. Aber wir sprechen über Europa als unsere zweite Heimat.

Einen Dank meinen Großeltern: Thomas, Adina, Peter und Anna.

Einen Dank unserem Gott für die Schönheit der Schweiz mit ihren Wanderwegen.

Und einen Dank der WegGemeinschaft und diesem wunderbaren Ort in Norddeutschand namens Dünenhof.

Oh … und ein ganz großer Dank gilt Gail, meiner wunderbaren Frau seit 58 Jahren, die gemeinsam mit mir Europa zu unserer zweiten Heimat gemacht hat.

Teil 2

Auf dem Weg: Schätze, die ich euch weitergeben will

Leidenschaftlich unterwegs

I Wie ich gelassener lebe. Über Gebete, die mich verändern

Übersetzer-Ballett

Die Kraft eines Gebets

Meine Mutter erinnerte sich oft an ein Gebet, das ihre Mutter abends beim Zubettgehen ihrer acht Kinder auf Schwedisch betete. Es nistete sich so stark in ihren Erinnerungen ein, dass einer ihrer Brüder achtzig Jahre später auf dem Sterbebett darum bat, noch einmal das Gebet zu hören, »das Mama immer gebetet hat«.

So wie mein sterbender Onkel haben wohl viele von uns Worte, an die wir uns klammern, wenn das Leben rau wird. Das Vaterunser ist so eins. Oder Psalm 23. Manch eine schlaflose Nacht habe ich damit verbracht, dieses Hirtenlied immer und immer wieder aufzusagen. Der Trost von grünen Auen und stillen Wassern hat selten versagt.

Man kann an das dem heiligen Franziskus zugeschriebene Gebet denken, »Herr, mach mich zu einem Werkzeug deines Friedens«, oder an das Gebet um Gelassenheit: »Gott gebe mir die Gelassenheit, Dinge hinzunehmen, die ich nicht ändern kann, den Mut, Dinge zu ändern, die ich ändern kann, und die Weisheit, das eine vom anderen zu unterscheiden.« Dieses Gebet ist besonders populär bei den Anonymen Alkoholikern. Es wird am Anfang und Ende eines jeden Treffens gebetet, um weitere 24 Stunden trocken zu bleiben. Freunde, die Alkoholiker sind, erzählen mir immer wieder, dass die Worte zum Kern ihrer Krankheit sprechen.

Es geht um drei Sorgen – zum einen, Erfahrungen und Ereignisse zu identifizieren, über die man keine Kontrolle hat, und sie als das zu akzeptieren, was sie sind. Man kann das den Akt der Unterwerfung nennen. Zweitens müssen wir erkennen, welche Dinge wir verändern können. Hier gilt das wichtige Wort »Mut«. Und zum Dritten brauchen wir Weisheit, um zu unterscheiden, um welche der beiden Dinge es gerade geht – kann ich es verändern oder entzieht es sich meiner Kontrolle?

Gelassenheit gewinnen

Vor einiger Zeit habe ich mir das Gelassenheits-Gebet als eine häufige Übung verordnet – besonders wenn ich merkte, dass mir gerade Dinge passierten, die meine Gefühle oder meine Haltung beeinflussten. Dadurch habe ich neu verstanden, wie viel Zeit ich damit verschwende, mich um Dinge zu sorgen, die ich nicht beeinflussen kann. Das führt zu Enttäuschung, Stress oder Zorn.

Kinder geben bei Enttäuschungen ihrer Wut und ihrem Ärger laut Ausdruck. Aber es gibt eben auch erwachsene Versionen dieses Verhaltens – etwas subtiler und raffinierter, aber genauso zerstörerisch: Gereiztheit, die Schuld bei anderen suchend. Bei solch unreifen Reaktionen kann dieses Gebet sehr wichtig sein.

Das ist einer der Gründe, warum Jesus mich so anspricht. Er ertrug Widerstand mit großer Gelassenheit und Geduld. Ganz offensichtlich hatte er sein Herz fest im Griff. In seiner geheimnisvoll göttlich-menschlichen Art scheint er in völliger Übereinstimmung mit dem zu leben, was er in freier Wahl akzeptiert hat oder im Moment nicht ändern will oder kann. Dinge zu akzeptieren, die ich nicht ändern kann, hat mit Ergebung zu tun. Irgendwann ist es so weit, dass man sich den Realitäten ausliefert. Ein Freund nennt das »mit der Situation leben«.

Sich selbst ändern

Andererseits gibt es all das, was ich ändern kann – und das startet meist mit nicht christusgemäßen Verhaltensweisen in mir. Jemand sagte einmal: »Hör auf, darüber zu reden, die Welt zu verändern, ehe du nicht einen Weg gefunden hast, dich selbst zu ändern.« In meinen Beziehungen – Ehe, Familie, Kollegen, Freunde und sogar Gegner – beginnt aller Mut, zu ändern, was veränderbar ist, bei mir selbst. Meine alkoholkranken Freunde sagen mir das immer wieder. Ihre Krankheit hat ihnen vorgemacht, dass alle anderen sich ändern müssten. Jetzt aber, wo sie nüchtern sind, haben sie aufgegeben, Schuldige zu suchen, und brechen auf, sich selbst zu ändern.

Das Gelassenheits-Gebet redet auch über die Weisheit, den Unterschied zu erkennen. Weisheit wächst aus der Bereitschaft, von meinen Erfahrungen zu lernen (gute und schlechte), auf andere zu hören und auf den Heiligen Geist, der auf vielerlei Art und Weise zu mir redet.

Neulich verließ ich unser Haus, um mich mit jemandem zu treffen. Es war ein schöner Tag und ich fuhr fröhlich los mit dem guten Gefühl, dass meine kleine Welt gerade rund und gut lief. Kein Problem in Sicht. Aber es gab doch eins: Vor mir auf der Straße war ein Unfall passiert und der Verkehr staute sich kilometerlang. Okay, dachte ich, ruf deinen Bekannten an und sag ihm, dass du später kommst. Ich suchte mein Handy – und merkte, dass ich es vergessen hatte.

Hör auf, darüber zu reden, die Welt zu verändern, ehe du nicht einen Weg gefunden hast, dich selbst zu ändern.

Auf einmal verflüchtigte sich die gute Ordnung meines Lebens. Mein schönes Gefühl wich Unruhe, Ärger und Gereiztheit. Verrückte Gedanken gingen mir durch den Kopf: Was wollten all die Autos gerade jetzt hier, wo ich so dringend zur Autobahn musste? Wo war die Polizei, wenn ich sie mal brauchte? Warum hatte mich Gail nicht ans Handy erinnert, als ich losfuhr? Aus derart selbstbezogenen Gedanken besteht das, was ich »geistliche Unordnung« nenne. Ich, meiner, mir, mich – lauter unreife Perspektiven, die Beziehungen und Charakter beschädigen.

Dann erinnerte ich mich daran, dass gerade für solche Zeiten das Gelassenheits-Gebet gemacht war. Ich begann es zu beten – laut, mehrfach und mit wechselnder Betonung. Gott, der Hörer aller Gebete, antwortete durch seinen Heiligen Geist. Der Stau, so wurde ich erinnert, war ein Ereignis, über das ich keine Macht besaß. Es war etwas, das ich nicht verändern konnte. Aber mich konnte ich verändern (oder besser: Gott konnte es). Und das passierte dann auch.

Und der Mann, den ich treffen sollte? Der saß in einem Auto, das nur wenig vor mir stand. Vielleicht betete er gerade dasselbe Gebet …

2 Wie ich meine Seele pflege. Über die pure Dummheit, meinen inneren Garten zu vernachlässigen

Beim Fotografieren

Geistliche Veränderungen

Vor 30 Jahren haben meine Frau Gail und ich in New Hampshire eine alte Farm erworben und sie »Friedensfels« genannt. Während des 18. Jahrhunderts wurde der Waldbestand an der Ostküste abgeholzt und in Weideland umgewandelt. Um 1900 herum war die Farm abgewirtschaftet, wurde verlassen und verwandelte sich über 70 Jahren hinweg zurück in wilden Urwald. Wir wählten uns ein kleines Stück dieses Waldgebietes aus und rodeten es in mühsamer Arbeit. Gesträuch und kranke Bäume wurden entfernt und auch die allgegenwärtigen größeren Felsblöcke (Überbleibsel der Gletscher) räumten wir weg, weil sie unserer Mähmaschine in die Quere kommen würden. Die komplette Wiederherstellung unseres Landstückes ist wohl eine Lebensaufgabe – wenn wir sterben, werden unsere Nachkommen sie fortführen müssen.

Für mich spiegelt die Arbeit an dem verwilderten Farmland die Disziplin der geistlichen Veränderung wider. Fast so, wie jemand ein Stück Land pflegt, das sonst verwildern würde, muss man regelmäßig und systematisch den innersten Teil des Lebens pflegen, wo Gott am ehesten die ewig gültigen Verheißungen und Zusagen in unser Leben flüstern (nicht schreien!) wird.

Heute weiß ich darum, bin aber durch lange Zeiten gegangen, wo ich diese Art von geistlicher Transformation, Veränderung meines Lebens durch Gott, abgelehnt oder verweigert habe. Die Gründe sind klar: Ich schien zu beschäftigt, fand all das nicht alltagstauglich, konnte mich nicht konzentrieren und hatte wahrscheinlich auch nicht wirklich die Erwartung, dass solch ein Prozess der Seelenpflege überhaupt praktische Auswirkungen hatte. Heute weiß ich: Meine Verweigerung war pure Dummheit. Sich einlassen auf einen Prozess der geistlichen Veränderung ist so ähnlich wie das, was wir auf unserem Grundstück tun müssen: ein Zurechtschneiden, Jäten, Umgraben, Harken und Pflanzen. Wobei wir unserer Seele nicht mit der Motorsäge oder Schaufel zu Leibe rücken, sondern mit Nachdenken, Gebet, Anbetung und Studium — all jenen seelen-orientierten Aktivitäten, die etwa in den Büchern von Richard Foster, Dallas Willard oder Henri Nouwen beschrieben werden.

Wohnung schaffen für Gott

Nachdem wir ein Stück unseres Farmlandes bearbeitet hatten, waren wir immer überrascht von der Schönheit einer neuen Realität, die sich durch unsere Arbeit zeigte. Wilde Blumen fingen an zu blühen; Waldtiere kamen zu Besuch; wertvolle Bäume wuchsen. Es schien so, als ob die Schönheit der Schöpfung einfach ans Licht kam. Genauso ist es mit uns: Die Schönheit und Tugend eines geistlich gewachsenen Charakters wird einfach sichtbar, wenn sich die Seele mit diesem Thema befasst. Bei all unserer Intelligenz: Dass Ursache und Wirkung – Aufräumen und Pflegen und das Wachstum des Schönen – so simpel und eng zusammenhängen, scheint uns oft nicht bewusst. Zumindest *nicht wirklich* bewusst.

Die Anzeichen für diese These sehe ich überall: Viele Konferenzen drehen sich heute um Fragen, wie man Vision vermittelt oder eine große Gemeinde aufbaut. Wichtige Themen, zweifelsohne. Was aber oft fehlt, ist die Erkenntnis, dass Seelenpflege vor Institutions-Aufbau kommt. Wie will man eine tolle Gemeinde aufbauen, ohne die Seele des Leiters oder Mitarbeiters aufzubauen, damit sie diese Anstrengung auch auf lange Sicht übersteht? Ich sehe viele junge Pastoren oder Mitarbeiter, die ihr zehnjähriges Dienstjubiläum gar nicht erst erleben. Viele Leute verschwinden einfach von der Bildfläche: Sie zollen Burn-out, Fehlverhalten und Desillusionierung grausam Tribut.

Das häufigste Gesprächsthema, das ich alter Typ mit Jüngeren habe: geistlich ausgetrocknet sein, unmotiviert und verzweifelt, und die Christen fragen sich, was sie dagegen tun können. Das kenne ich ja auch von mir selber: Ich werde nie vergessen, wie nahe ich dran war, den falschen Weg zu wählen. Obwohl mein Moment des persönlichen Scheiterns schon 20

Jahre zurückliegt, ist die Erinnerung daran immer noch sehr frisch.

Paulus' Rat an Timotheus wird leicht übersehen: »Übt euch darin, gut zu sein … Güte hat ihren Wert überall.« Ich rieche förmlich die Aufforderung zur geistlichen Veränderung in dieser Bemerkung. Die Seele so zu verändern, dass sie zur Wohnung für Gott wird, ist die erste und wichtigste Aufgabe eines Nachfolgers von Jesus. Das zu tun, ist keine Kür, die man irgendwann mal angeht, wenn Zeit übrig bleibt. Sie muss Priorität und Hauptsache sein, sonst werden wir nicht lebenslang als Christen durchhalten – und schon gar nicht als Leiter (oder unser Bild von Gott und seinen Verheißungen wird matt und trübe).

Die Seele so zu verändern, dass sie zur Wohnung für Gott wird, ist die erste und wichtigste Aufgabe eines Nachfolgers von Jesus.

Die Arbeit an unserem geistlichen Kern, an unserer Seele, ist die entscheidende Voraussetzung für die Qualität unseres Glaubens. Es werden Tugenden wachsen – wie die Wildblumen auf gepflegtem Land –, wenn meine Seele auf den Himmel ausgerichtet ist.

Anthony Bloom schreibt über einen Wüstenvater, der eingeladen war, um vor einer großen Menge und dem Bischof zu predigen. Der Mönch lehnte ab und sagte: »Wenn mein Schweigen nicht zu ihm spricht, dann werden auch meine Worte unnütz sein.« Diese Haltung des Mönches fordert mich heraus, denn ich verbringe einen großen Teil meines Lebens damit, mich auf Worte, soziale Fähigkeiten und schnelles Denken zu verlassen. Wie aber soll ich kommunizieren, wenn ich auf das Schweigen begrenzt wäre?

Funktionieren könnte das nur, wenn es Platz gäbe für Tugenden, die in meiner Seele wie Blumen aus einem umgegrabenen Feld wachsen. Und welche Tugenden würden das sein?

Fünf herausragende möchte ich erwähnen. Wer sie vernachlässigt, blickt dem inneren Tod ins Auge. Die Liste ist weder vollständig noch garantiere ich dafür, dass es die beste ist. Aber es ist meine.

Demut

Wenn ich ans Schweigen gebunden wäre, wünschte ich mir, die Frucht meiner Seelen-Arbeit in wachsender Demut zu sehen. Demut ist nichts, das man zielstrebig erreicht; sie wächst als Ergebnis anderer Bemühungen. Leute, die mich als jungen Mann kannten, hätten das Wort Demut in Zusammenhang mit meinem Charakter wohl kaum erwähnt. Ich fürchte, dass sie mich als arrogant, selbstbezogen, zu selbstbewusst und immer in Bewegung in Erinnerung haben. Talentiert und begabt vielleicht, aber nicht demütig.

Wenn heute ein Spross von Demut in meiner Seele wächst, dann, weil ich alt genug bin, um die Folgen von Sünde und persönlicher Begrenzung zu kennen und zu wissen, welch zerfressende Wirkung es hat, ständig Erfolg zu haben und Dinge zu schaffen. Das ist auch deswegen so, weil ich langsam(!) dazu durchdringe, die wirkliche Größe Gottes zu verstehen und meinen Platz vor ihm als kleines Kind anzunehmen.

»Der Weg eines christlichen Leiters«, schreibt Henri Nouwen, »ist nicht der Weg nach oben, in den die Welt so viel investiert, sondern der Weg nach unten, der am Kreuz endet … Es geht nicht um eine Leiterschaft der Macht und Kontrolle, sondern um eine der Machtlosigkeit und Demut, durch die sich der leidende Diener Gottes, Jesus Christus, geoffenbart hat.« Nouwens Worte bergen das Geheimnis. Sie machen nicht viel Sinn in der Berechenbarkeit eines Lebens, in dem

Planung, Kreativität, Ausstrahlung und Selbstvermarktung so viel zu bedeuten scheinen. Doch Demut ist die Richtung für Leiter, die durchhalten wollen.

Mitgefühl

Mitgefühl ist die Fähigkeit, sich mit den Verletzungen, Ängsten und Sorgen, die andere empfinden, zu identifizieren. Und zwar so, dass es mich nicht lähmt, sondern große Liebe freisetzt. Diese Woche bekam ich eine E-Mail von jemandem, der wissen möchte, ob er in unserer Gemeinde noch wirklich willkommen wäre, wenn bestimmte Geheimnisse in seinem Leben ans Licht kommen würden. »Ich möchte nicht das Projekt von jemandem sein«, schrieb er. Diese Worte haben sich mir tief eingeprägt, weil ich merke, wie einfach es ist, Leute in Projekte und Programme einzuordnen und sich nicht wirklich mit ihrem Leid zu identifizieren.

Der größte Teil der evangelikalen Welt, ich eingeschlossen, hält meines Erachtens nicht viel von echtem Mitleid. Die vielen Hilfsprogramme, die wir als US-Evangelikale gegen Hunger, Aids, Abtreibung oder soziale Not haben, werden oft von unserer arroganten Einstellung überdeckt. Wir verbinden mit diesen Dingen häufig auch Sünde, und werden deshalb als stolz, abgrenzend, nachtragend oder zornig wahrgenommen.

Ich möchte nicht als harte Person wahrgenommen werden, die eine anklagende Botschaft mit sich bringt. Viel lieber möchte ich ein verwundeter Mensch sein, der heilt und seinen Verband oder seine Arznei an den weitergibt, der nichts zurückgeben kann.

Standhaftigkeit

Wenn ich in vollkommenem Schweigen leben müsste, würde ich mir wünschen, dass der Prozess geistlicher Veränderung auch Standhaftigkeit hervorbringt. Standhaftigkeit bedeutet weder Sturheit, noch ist es eine Weigerung zur Veränderung. Es ist ein beständiges Festhalten an bestimmten Werten und Überzeugungen, von denen man niemals abweicht.

Für mich heißt Standhaftigkeit ein verlässlicher Charakter, das Einhalten von Versprechen, Treue in Schlüsselbeziehungen und (das Wichtigste …) ein Leben im Gehorsam gegenüber Jesus. Solche Standhaftigkeit war nicht immer Teil meiner Natur. Wenn sie es heute ist, dann nur, weil ich sie mir erarbeiten musste. Der Impuls, aufzugeben, auszuweichen, etwas wieder fallen zu lassen und wegzulaufen, war als junger Mann für mich typisch. Wären da nicht Mentoren und eine starke Ehefrau, die mich ermutigt haben, wüsste ich nicht, wo ich heute wäre.

Erst in meinem Prozess der geistlichen Veränderung habe ich das »Aufgeben-Gen« besiegt, das in mir lebt. Durch Ermahnung, durch das Vorbild biblischer Größen (und ihrer Nachfahren …) und durch die Ermutigung meiner Freunde habe ich ein Stück Standhaftigkeit erworben. Mittlerweile bin ich ziemlich zäh darin geworden, an einer Sache dranzubleiben und nicht einfach aufzugeben. Ohne Arbeit im Garten meiner Seele aber wäre das nicht passiert.

»Bleibt fest und unerschütterlich im Glauben« (1. Korinther 15,58), schreibt Paulus an die Korinther. Ihm war das sehr wichtig – vermutlich, weil er mit Leuten sprach, auf die selten Verlass war, die in ihrer Hingabe und ihren Vorhaben vergesslich und kurzlebig waren, mittelmäßig in ihrer Frömmigkeit und wankelmütig, wenn ihr Leben unter Druck geriet. Leute so wie ich normalerweise.

Glauben

Wenn ich keine Worte mehr hätte, dann würde ich hoffen, dass andere in mir Glauben sehen würden. Glauben: eine Fähigkeit zu vertrauen und sich auf die Kraft Gottes zu verlassen, die über meine Rationalität und meinen angeborenen Pessimismus hinausgeht.

Ich liebe es, von Leuten des Glaubens zu lesen und in ihr Leben einzutauchen. Ihr Vorbild ist ein wichtiger Teil meiner geistlichen Veränderung. Wenn ich solche Biografien gelesen habe, bin ich motiviert, etwas zu bewegen. Dann vertraue ich darauf, dass Gott auch heute noch Veränderung bewirken kann.

Oft fühle ich mich von der Geschichte der armen Witwe berührt, die ihre zwei Geldstücke in die Tempelkasse warf. Sie »gab alles, was sie besaß« (Lukas 21,4). Das ist Glaube in Kurzform beschrieben: ein ruhiges, stilles, unspektakuläres Darbringen all ihres Vermögens – und das Vertrauen darauf, dass Gott für ihre Bedürfnisse sorgen würde.

Geistliche Veränderung bedeutet, ein Herz zu bekommen, das daran gewöhnt ist, Gott um etwas zu bitten – und daran zu glauben, dass er das Unmögliche wahr machen kann. Zwischen Glauben und Vision besteht eine enge Verbindung. Ich sehe viel von diesen beiden Werten, wenn Neues aufgebaut wird. Meinen eigenen Glauben und meine Vision würde ich vermutlich weniger auf den Aufbau von Institutionen oder Gebäuden ausrichten als darauf, welche Möglichkeiten Gott für das Leben von Menschen hat.

Geistliche Veränderung bedeutet, ein Herz zu bekommen, das daran gewöhnt ist, Gott um etwas zu bitten – und daran zu glauben, dass er das Unmögliche wahr machen kann.

Selbstbeherrschung

Selbstbeherrschung hat sehr viel mit Disziplin zu tun und mit meiner Bereitschaft, die Fähigkeit zum Nein- und Ja-Sagen zu entwickeln – und zwar an der richtigen Stelle. Kein populäres Lernfach …

Selbstkontrolle spielt eine Rolle, wenn ein Leiter Gegenwind erfährt, verleumdet, nicht geschätzt, ignoriert wird oder die zweite Meile gehen muss. Wie wird er oder sie dann reagieren? Selbstkontrolle beinhaltet unseren Umgang mit Geld, mit Kraft und Einfluss und unsere Reaktion auf übertriebene Verehrung unserer Person. Wie können wir unserem Leben gesunde Grenzen setzen?

Das Alte Testament zeigt einige Porträts von Männern, denen Selbstkontrolle fehlte: Simson, Saul und Salomo fallen einem ein. Und die Meister? Josef natürlich. Und Daniel, Ester.

Wenn ich ein vollkommenes Bild von Selbstkontrolle suche, denke ich an Jesus im Garten Gethsemane. Umringt von versagenden Freunden, grausamen Soldaten und dem verräterischen Judas. Welch ein Anlass, die Selbstkontrolle zu verlieren! Aber er verlor sie nicht. Stattdessen wahrte er seine Würde und wurde zum Ruhepol einer chaotischen Situation. Das ist Selbstkontrolle.

»Es ist die Qualität von Leitern, dass sie den Kopf zurechtgerückt bekommen, Schocks verdauen, als Prellbock dienen, es ertragen können, gequält zu werden«, schrieb Fred Mitchell, einst Leiter der China Inland Mission. »Zermürbung und Zerrissenheit, dauernde Spannung und Versuchungen sind der größte Charaktertest für einen Diener Gottes.«

Vor dem Fenster des kleinen Studierzimmers, das ich auf »Friedensfels« habe, liegt ein großer Felsblock – ein Findling von über einem Meter Größe. Vor vielen Jahren lag er im Boden vergraben und schaute nur ein paar Zentimeter aus der Erde heraus. Meine Frau Gail dachte, dass sie diesen Stein schnell aus der Erde bekäme – und begann mit dem Graben. Je mehr sie grub, desto mehr wurde ihr klar, dass sie dieses Projekt unterschätzt hatte. Aber sie war mitten in der Arbeit, es gab kein Zurück mehr. Zwei Tage später rollten und hebelten wir (mittlerweile war ich Teil des Unternehmens …) den gewaltigen Findling aus einem riesigen Erdloch …

Der Stein ist für mich eine dauerhafte Erinnerung an die Notwendigkeit geistlicher Veränderung. Im Zuge dieser Transformation werden einige Dinge in unserem Leben ausgegraben werden. Kleine Anzeichen erweisen sich manchmal als große Hindernisse. Gestrüpp und tote Äste müssen abgeschnitten werden. Anderes wird eingepflanzt. Und auf lange Sicht wartet etwas Wunderschönes auf uns. Etwas wirklich Wunderschönes. Man braucht keine Worte, um anderen Leuten zu erzählen, was sie schon längst sehen. Sie beobachten Gott bei seiner Arbeit im Leben eines anderen … und sie sehen, was sich verändert – auch wenn derjenige nur schweigt.

3 Wie ich Ruhepausen einhalte. Über den Nutzen des Sabbats

Mit meiner Ehefrau Gail

Alltagsstress

Mein Vater war ein geschäftiger Mensch. Selten habe ich ihn ausruhen sehen. Sogar unsere Familienurlaube wurden dominiert von seiner Eile. Schon die Fahrt in die Ferien glich einem Rennen – für Pausen gab es keine Zeit und auch die Toiletten unterwegs sahen uns möglichst selten. Oft fuhren wir nachts, damit wir ja nicht in einen Stau kamen. Wir Kinder und Mutter hätten gerne mal Pause auf einem der Rastplätze gemacht – manchmal lagen sie idyllisch oder hatten tolle Spielplätze. Aber wir brausten meist vorüber, denn Vater erinnerte uns daran: Wir hatten ja ein Ziel vor Augen, wir mussten irgendwohin.

Als Erwachsener habe ich diese Verhaltensmuster übernommen: Immer in Eile sein – schließlich war auch ich ein geschäftiger Pastor. Mir war klar, dass die Welt gerettet werden musste – und dass ich verantwortlich dafür war. Keine Pause, bevor Jesus kommt! Und wenn er kommt, dann soll er uns bei der Arbeit finden. Es brauchte eine Ehefrau, gute Bücher über das biblische Modell des Sabbats und einige persönliche Krisen, um meine Lebensmuster gesünder zu machen.

Mir scheint, dass meine frühen Kämpfe, mich durch rastlose Tätigkeit als wertvoll zu erweisen, vielen Menschen bekannt sind. Die meisten von uns sind in einer anhaltend schnellen Reise begriffen – und das Ziel (obwohl wir es nur schwer benennen können) ist überaus wichtig. Pausen werden nicht gemacht, an den Rastplätzen jagen wir vorbei – es sei denn, es geht gar nicht anders: leerer Tank, volle Blase, Motorprobleme …

Ironischerweise würde vermutlich kaum einer sagen, dass Pausen unwichtig sind. Neue Kraft, geistige Frische, emotionale Stabilität, gutes Urteilsvermögen – all das ist Ergebnis einer Pause. Ruhe in der Hektik, ein guter Schlaf, ein stiller Platz, ein Gespräch mit Freunden.

Wir lieben solche Ruhepausen. »Ich hatte ein erholsames Wochenende«, sagen wir – und meinen, dass unser Tank wieder voll ist, dass wir neue Energie haben, Schrammen verheilt sind, Dinge in Ruhe durchdacht. Der Körper hat seine Müdigkeit abgelegt, wenig »Muss« war nötig und viel »Kann«: Erholung.

Als der Prophet Elia seinen Zusammenbruch hatte, wurde er in die Wildnis (Ruhe und Zurückgezogenheit …) geführt, wo Gott ihm Schlaf und Essen verschrieb. Danach war er ein ziemlich neuer Mensch. Pausen haben eine wichtige Funktion – in der Landwirtschaft oder Natur genauso wie in der Musik. Und natürlich in der Bibel, wo der Sabbat als klassischer Ruhetag beschrieben wird, den wir beachten sollen, weil er um unsertwillen geschaffen wurde. Kaum ein Gebot Gottes aber übertreten wir leichtfertiger als dieses …

Pausen haben eine wichtige Funktion – in der Landwirtschaft oder Natur genauso wie in der Musik.

Wenn Pausen, Ruhezeiten, Ruhetage so gut sind – warum integrieren wir sie dann so wenig in unser Leben? Warum reden wir so viel darüber, dass wir müde sind, dass gerade so viel los ist, dass wir dringend überlegen müssen, was wir lassen könnten? Warum wissen so viele nicht, wie man wirklich ausruhen kann?

Irrtümer über Ruhepausen

Pausen scheinen nicht produktiv. Irgendwann haben wir verinnerlicht, dass in unserer Gesellschaft Produktivität als entscheidender Wert angesehen wird. Damit verbunden ist eine Lüge, die wir gerne glauben: Mehr Arbeit bedeutet mehr Produktivität – bedeutet mehr Wert. Ergebnis: Ruhe ist eine Gefahr für unsere Produktivität. Ruhe können wir uns erst leisten, wenn die Arbeit erledigt ist. Natürlich ist das verrückt – aber die meisten von uns leben so, als würden wir das wirklich glauben.

Pausen helfen uns nicht, unsere dringendsten Wünsche zu befriedigen. Intuitiv scheinen wir das zu glauben. Je mehr wir uns wünschen, umso mehr Ertrag müssen wir bringen, um es zu bekommen. Mehr Ertrag aber produzieren wir nur durch mehr oder härtere Arbeit. Dann – und das ist wirklich verrückt – bauen wir uns größere Häuser, kaufen schönere Autos, machen mehr Schulden und entdecken, dass wir noch härter arbeiten müssen, um all das zu bezahlen oder das Niveau zu halten. Mehr Arbeit aber bedeutet weniger Ruhe. Auch das ist merkwürdig, scheint uns aber logisch, schließlich leben wir in einer materialistischen Welt.

Ruhepausen werden nicht gesteigert durch Technik. So fantastisch die vielen neuen Erfindungen sind, so viele Rätsel und Probleme geben sie uns auf. Technik bringt Geschwindigkeit, Lärm, mehr Kommunikation, mehr Information und mehr Möglichkeiten hervor. Wir können im Auto arbeiten, im Flugzeug, zu Hause, am Strand. Ein junger Mann sagte mir einmal begeistert, wie effektiv Jesus gearbeitet habe und wie jede Minute bei ihm sinnvoll gefüllt gewesen sei. Ich war gerade zurückgekehrt von meinem einzigen Israelbesuch, den ich je unternommen habe. Eines schönen Nachmittags war ich auf einen Berggipfel gestiegen und hatte ein Stück des uralten Weges zwischen Nazareth und Kapernaum gesehen, den Jesus oft gelaufen ist. Eine Entfernung von vielleicht 65 Kilometern, eine schöne Wanderstrecke. Zeit genug, um ausgiebig mit den Jüngern zu sprechen, gelegentlich anzuhalten, die Landschaft zu genießen oder in Ruhe über die tieferen Fragen des Lebens nachzusinnen. Die Pausen zwischen den öffentlichen Auftritten von Jesus existierten, weil es noch keine Technik gab. Diese Wanderstrecken waren zugleich immer auch Zeiten, um innerlich auszuruhen. Und keine Frage: Heute könnten wir diese Wegstrecke in 35 Minuten mit dem Auto zurücklegen und würden dabei noch einige Anrufe per Handy erledigen …

Oder noch anders: Mein Großvater fuhr oft nach Europa, um als reisender Evangelist unterwegs zu sein. Fünf oder sechs Tage lang war er an Bord der »Queen Mary«, lag gemütlich im Liegestuhl auf Deck, las seine Bibel und betete. Wenn er ankam, war er vollkommen ausgeruht und in jeder Weise bereit. Wenn ich heute im Flieger nach Deutschland jette, muss ich mich zwei Tage vom Jetlag erholen. Irgendetwas stimmt an diesem Bild nicht. Wussten Jesus und mein Großvater mehr über Ruhe als wir heute?

Ruhepausen sehen manchmal nach Arbeit aus. Ruhe ist schwierig für uns geworden, weil in einer Wissensgesellschaft die Grenzen zwischen Arbeit und Nicht-Arbeit verwischen. Wenn ich ein Buch lese und mir sorgfältig Zitate und Geschichten anstreiche, um sie irgendwann mal beim Predigen oder Schreiben zu verwenden, arbeite ich dann oder ruhe ich aus? Wenn ich mit Kollegen essen gehe und immer wieder über unsere Arbeit rede, ruhe ich dann aus oder arbeite ich? »Konzipierst du gerade einen Artikel oder löst du ein Problem?«, fragt mich meine Frau gerne, wenn wir im Auto dahinfahren und ich seit zehn Minuten nichts gesagt habe. »Nein, ich arbeite nicht!«, sage ich – und weiß auch, dass sie weiß, dass das oft nicht so ganz stimmt …

Pausenzeiten ernst nehmen

Als Gott das Konzept der Ruhepause in der biblischen Lehre vom Sabbat definierte, war er absolut eindeutig: Sechs Tage sollt ihr arbeiten, aber am siebten Tage sollt ihr ruhen. Die Juden haben dieses Gebot immer verstanden – bis dahin, dass sie sogar die Zubereitung des Essens für die Ruhezeit auf den Tag davor verlegten. Ein Jude weiß, dass der Sabbat die vergangene Woche zum Abschluss bringen sollte (»Was war los – und was bedeutet das für mich?«). Er weiß, dass er dazu da ist, offene Fragen zu beantworten, die seine Seele umtreiben. Er kennt ihn als eine Zeit des Lachens, der Liebe, der Erneuerung von Beziehungen, des Dankens oder der Sündenbekenntnis. Und er weiß, dass die Zeit der Ruhe in seinem Glauben ihn erfrischt und ihm ein neues Empfinden für die Richtung seines Lebens gibt. Er ist erholt. Er hat Sabbat gehalten.

Ich war lange Zeit meines Lebens in dieser Ruhe-Arbeit nicht besonders gut. Aber ich lerne. Heute erkenne ich die Anzeichen fehlender Ruhe: genervt sein, Trägheit, mangelnde Konzentration, Zweifel, ein müder Geist, Angst, Selbstmitleid, der Wunsch aufzugeben. Und es ist interessant: Wenn ich nicht ausgeruht bin, dann schlafe ich schlecht! Meine Nächte sind ruhelos und launisch, mein Geist ist verstopft mit wirren Gedanken. In diesem Zustand der Ruhelosigkeit fühle ich mich fern von Gott und nicht wirklich da oder präsent für all jene, die ich am meisten liebe. Ich treffe schlechte Entscheidungen, verliere die Freude an meiner Arbeit. Mit zu wenig Ruhe wird mein Körper anfällig für Erkältungen und anderes. Das Leben hört auf, Spaß zu machen.

Weil ich das gemerkt habe, nehme ich heute die geistliche Disziplin des Sabbats, der Ruhezeit, ziemlich ernst. Er wird immer wichtiger für mich. Ein Tag, an dem alle Arbeit, die Einkommen generiert, auf die Seite gelegt wird – und andere Arten von »Arbeit« in den Blick kommen: die Arbeit, meine Ehe zu erneuern, meine Freundschaften, die Beziehung zu Gott. Die Arbeit, meinen Geist mit neuer Kreativität, Gedanken oder Ideen zu füllen, die nicht sofort wieder etwas mit meinem Auftrag oder meinen Zielen zu tun haben. Meine Perspektive reinigen lassen von der Kraft der Musik, der Kunst oder des Lesens. Draußen in der Natur sein, mit den Enkeln spielen und die Realität durch ihre Augen sehen.

Ausruhen bedeutet ein spontanes Schläfchen oder ein schön gestalteter Abend zu zweit. Tagebuchschreiben oder das Anschauen der schönen Dinge, die man gesammelt hat. Zeit mit einem guten Freund, Lachen und Gemütlichkeit. Ruhe heißt nicht unbedingt Faulheit oder Rumgammeln, heißt nicht

Sport bis zum Umfallen oder Rivalität bei Spielen. Ausruhen ist auch nicht die christliche Konferenz oder die organisierte Urlaubstour – auch wenn das alles seine Berechtigung hat. Eine Ruhepause wird viel eher gekennzeichnet durch die bekannten Worte aus Psalm 23: »Der Herr ist mein Hirte, ich habe alles, was ich brauche. Er lässt mich in grünen Tälern ausruhen, er führt mich zum frischen Wasser. Er gibt mir Kraft« (Psalm 23,1-3). Das ist Ruhe: ein Moment völlig frei von Wünschen oder Sehnsüchten, ein Hinlegen und Ausruhen und die Erfrischung durch frisches Wasser. Wenn das passiert, werden nicht nur der Körper und Geist geheilt, sondern auch die Seele findet neu hinein in den göttlichen Frieden.

Das ist Ruhe: ein Moment völlig frei von Wünschen oder Sehnsüchten, ein Hinlegen und Ausruhen und die Erfrischung durch frisches Wasser.

Vor einigen Jahren wanderten meine Frau und ich über eine saftig grüne Alp in den Schweizer Bergen. Auf einer Wiese vor uns mähte ein altes Ehepaar Gras. Wir schauten fasziniert zu, wie die Sensen mit ruhigen, regelmäßigen Schwüngen durch das Gras fuhren und sich diese beiden Menschen wie in einem Ballett miteinander bewegten. Genauso regelmäßig aber unterbrachen sie ihre Arbeit, standen still, zogen die Schleifsteine aus ihrer Tasche und schärften die Werkzeuge. Dann nach einigen Momenten Pause schwangen die Sensen erneut durch das Gras.

Die Lehre ist klar: Die häufigen Pausen gaben nicht nur neue Kraft für die anstrengende Bewegung, sondern ließen auch Zeit, die Geräte zu schärfen, um mit weniger Kraftaufwand mehr zu schaffen. Die Produktivität stieg nicht durch pausenlose Arbeit, sondern durch klug gewählte Ruhezeiten. Sollte nicht alle Arbeit von diesem Prinzip gekennzeichnet sein?

4 Wie ich mich selbst erforsche Über den Blick in die Tiefe der Seele

Nachdenklich

Auf Gottes Stimme hören

Vor vielen Jahren gab es bei mir eine Zeit mit großen persönlichen Problemen. Es war sehr schwer für mich, überhaupt zuzugeben, dass ich tief in Schwierigkeiten steckte. Ich war noch relativ jung. Ein älterer Mann lud mich damals zum Essen ein. Er spürte, dass es in meinem Leben ein tiefes Loch gab. Und er stellte mir eine Frage, die ich niemals vergessen habe: »Gibt es da irgendwo Schwierigkeiten in deinem Leben?« Ich habe ihm damals nicht geantwortet. Ich hatte nicht genug Vertrauen, um mit ihm über die Dinge in meinem Herzen zu reden. Aber seine Frage war gut. Später, als die Konsequenzen meines tiefen Loches immer sichtbarer wurden, musste ich mich ihr stellen. Ich musste mit jemandem darüber sprechen: »Was brauche ich?« Und: »Bin ich offen dafür, dass Gottes Stimme in mein Leben hineinspricht und ich zuhöre?«

Was es bedeutet, Christ zu sein

Einmal begegnete ich einem sehr guten Bibelausleger aus den USA, den ich für seine Theologie sehr bewunderte. Er erzählte, dass er sich gerade mit folgender Frage beschäftigte: »Was bedeutet der Glaube, das Christsein?«

Wenn irgendjemand in der Gemeinde eine solche Frage gestellt hätte, hätte ich mich nicht gewundert. Aber dieser Mann war ein brillanter Theologe, ein Kenner der Bibel. Ich dachte mir: »Diese Frage musst du doch schon lange abgehandelt haben!« Aber je länger ich darüber nachdachte, desto wertvoller empfand ich sie. Er drückte damit etwas aus, was wir nicht oft hören: Die Bedeutung des Christseins kann sich alle paar Jahre für uns verändern. Die Fragen und Probleme, als ich zwanzig war, hatten eine bestimmte Qualität – aber sie bedeuten mir heute überhaupt nichts mehr. Mittlerweile bin ich viel älter und das Christsein hat sich für mich verändert. Ich denke jetzt über Dinge nach, die ich damals nie erwartet hätte. Deswegen verstehe ich diese Frage jetzt viel besser.

Was heißt es eigentlich, Christ zu sein, wenn man 80 Jahre alt ist? Was bedeutet es, wenn man 45 Jahre alt ist? Oder noch viel jünger? Das brachte mich auf eine sehr bekannte Bibelstelle von König David. Er war eine sehr komplizierte und schwierige Person, dennoch verfasste er einige der schönsten

Schriftstellen der Bibel. Auch heute noch sind seine Psalmen, Gebete und Lieder Beispiele großer Lyrik. Aber David stand auch Schwierigkeiten und Hindernissen in seinem Leben gegenüber. Er machte einige schwere Fehler und versagte immer wieder. Er war ein Ehebrecher, Mörder, Blender – aber die Bibel nennt ihn trotz allem einen von Gott geliebten Menschen! In den folgenden Versen scheint sich David Gedanken über eine Entscheidung zu machen, die er treffen muss: »Erforsche mich, Gott, und erkenne mein Herz, prüfe mich und erkenne meine Gedanken. Zeige mir, wenn ich auf falschen Wegen gehe, und führe mich den Weg zum ewigen Leben« (Psalm 139,23-24).

David war ein Ehebrecher, Mörder, Blender – aber die Bibel nennt ihn trotz allem einen von Gott geliebten Menschen!

David kann sich dafür entscheiden, in die Richtung »ewiges Leben« zu gehen. Er kann sich aber auch dafür entscheiden, einem verdorbenen, schwierigen Muster in seinem Leben zu folgen. »Erforsche mich, Gott, und erkenne mein Herz« – das Bild von einem Gott, der die Herzen der Menschen erforscht, war neu zu der Zeit. Normalerweise ging man davon aus, dass die Götter kein Interesse an dem Leben der Menschen hatten. Für David war es folglich eine unglaubliche Vorstellung, dass dieser Gott der Welt an seinem Leben Interesse zeigte. Dieser Gott wollte ihn kennenlernen, wollte sein Herz erforschen.

Sich selbst erkennen

Doch wie groß ist mein Herz und was beinhaltet es? Mein Eindruck ist, dass Herzen unendlich groß sind und ein Leben nicht ausreicht, um alles zu erforschen, was in so einem Herzen drin ist. Ich bin mir sehr bewusst, dass in meinem

Herzen Dinge existieren, die ich selber gar nicht richtig verstehe. Manchmal merke ich, dass da aus der Tiefe Botschaften heraufsteigen, bei denen ich mich frage, woher sie kommen. Ich bin entsetzt, was in mir ist. Natürlich kommen auch gute Dinge hervor, aber oft sind es böse.

David betet: »Gott, erforsche doch alles das, was ich selber nicht verstehe. Erforsche mich, erkenne mein Herz. Prüfe mich und zeige mir die schwierigen und bösen Dinge in meinem Herzen. Was hält mich davon ab, dir zu folgen?« Das ist ein sehr demütiges Gebet und David weiß: Ohne Gottes Gegenwart in meinem Leben kann ich mich selbst nicht erkennen.

Wenn wir ein tieferes und treueres Leben führen wollen, dann müssen wir an diesem Punkt beginnen. Wir müssen auf Fragen achten, die uns Gott vielleicht stellen würde. Mit welchen Dingen in unserem Leben müssen wir uns selbst konfrontieren? Solche Fragen sind Türöffner, sie führen zu den Knackpunkten in unserem Leben und müssen vor Gott gebracht werden. Im Folgenden möchte ich einige solcher Fragen, die die Seele erforschen, vorstellen:

Wer ist Jesus für mich?

Welchen Unterschied macht es in meinem Leben, dass ich mich Nachfolger Jesu nenne? Ist er für mich – ganz sachlich gesehen – die Zentral- und Erlöserfigur des Kulturchristentums? Oder ist er derjenige, den ich in einer Gemeinde identifiziere: Aha, sie haben Jesus in ihrer Mitte! Oder möchte ich, dass Jesus im Mittelpunkt meines Herzens und Lebens steht?

Als Kind und Jugendlicher konnte ich diese Frage nicht beantworten. Mit vier Jahren wurde mir in der Sonntagsschule gesagt: »Ihr müsst zu Jesus kommen!« Es war eine klare Anweisung und daher kam ich oft vor Jesus. Ich erkannte auch, dass dies meine Mutter sehr glücklich machte. Als Jugendlicher hielt ich weiter den Kontakt zu Jesus, da das Mädels sehr beeindruckte. Meine Motivation war also die positive Reaktion meines Umfelds.

Doch erst an der Universität erkannte ich als junger Erwachsener zum ersten Mal die Ernsthaftigkeit des Glaubens. Ich stellte mir verschiedene Fragen: Wer ist Jesus? Ist er ein Philosoph, ein Lehrer? Oder ist er der Sohn Gottes? War er bei der Schöpfung gegenwärtig? Ist er der, der am Kreuz für unsere Sünde gestorben ist? Erleichtert er unser Leben oder verkompliziert er es nur? Kommt Jesus wieder?

Wer ist Jesus heute für mich?

Diese Art Fragen sollten sich Nachfolger Jesu regelmäßig stellen. Denn es ist unheimlich leicht, dass einem das Gefühl für Jesus, das Bewusstsein für ihn, einfach entgleitet. Also: Wer ist Jesus heute für mich? Was für ein Gefühl von seiner Wirklichkeit, seiner Gegenwart habe ich?

Wofür bin ich dankbar?

Wir brauchen immer wieder Menschen, die uns zeigen, was es heißt, dankbar zu sein. Wenn ich über Dankbarkeit nachdenke oder rede, fällt mir sofort meine Frau Gail ein. Als wir geheiratete haben, wusste ich noch nichts von der Tiefe und der Größe ihrer Dankbarkeit. Wirklich, ich habe eine unendlich dankbare Frau geheiratet. Wenn ich all das Geld gespart hätte, was wir für »Danke«-Karten ausgegeben haben, würden wir heute einen Mercedes fahren. Gail hat mir beigebracht, was es bedeutet, eine dankbare Person zu sein. Dabei geht es nicht nur um den Austausch von Freundlichkeiten, sondern darum, einen wirklichen Wert weiterzugeben. Wenn ich jemandem danke, drücke ich damit seinen Wert für mich aus: »Danke, das hast du mir getan!« Wenn ich also in die Tiefe wachsen möchte, sollte ich mich disziplinieren und täglich daran denken: Wofür bin ich dankbar?

Dankbar Gott gegenüber, dankbar gegenüber den Personen, mit denen ich lebe. Dankbar meinen Freunden gegenüber und auch gegenüber Fremden in der ganzen Welt, die meinen Weg kreuzen.

Es ist immer wieder wichtig, mich zu erinnern und mir eine Liste in meinem Kopf zu machen: Wofür bin ich dankbar?

Lebe ich mit irgendeinem Groll im Herzen?

Gail und ich trinken keinen Alkohol, aber wir sind sehr sensibel für Menschen, die süchtig sind. Oft haben sich Groll und Bitterkeit gegenüber bestimmten Menschen in ihren Herzen angesiedelt und werden mit der Zeit immer stärker. Immer wieder reden Alkoholkranke über diese Gefühle. Ich sprach einmal mit einem, der eine Liste aufgestellt hatte. Tatsächlich hatte er 395 Punkte in seinem Leben gefunden, über die er sauer, ärgerlich, wütend, verbittert oder zornig war. Er verbrachte fast eine Woche in der Stille, um all das aufzuschreiben. Anschließend traf er sich mit zwei anderen Alkoholikern seiner Gruppe, las ihnen die Liste vor und erläuterte seine Punkte. Das Ganze dauerte sieben oder acht Stunden. Die Welt ist voller Menschen, die tief in ihrem Herzen Groll und Bitterkeit hegen.

Mir ging das in der Vergangenheit auch so. Ich kann mich erinnern, dass da ebenfalls Dinge waren, mit denen ich mich gequält habe. Es ist gut, sich zu fragen: Gibt es Groll und Bitterkeit in mir?

Habe ich Angst, habe ich Furcht vor irgendetwas oder mache ich mir Sorgen?

All diese Dinge wollen uns gefangen halten und lassen uns nicht wachsen.

Lebe ich mit Geheimnissen?

Wohl jeder von uns lernt schon als Kind, wie wir gewisse Dinge geheim halten können. Gibt es Geheimnisse, die vor Jesus ans Licht müssen?

In welchen Gebieten meines Lebens wachse ich?

Wenn wir durch unser Leben gehen, gibt es immer auch Gebiete und Erfahrungsbereiche, bei denen wir sagen: Ja, da bewegt Jesus etwas! Wir sehen Zeichen von Reife in uns.

Was sind die vorherrschenden Gefühle und Haltungen in meinem Leben?

Sagen die Leute über mich, dass ich ein glücklicher Mensch bin? Dass ich Freude in meinem Leben habe? Oder bin ich bekannt dafür, immer etwas Kritisches zu sagen oder zynisch zu sein? Bin ich enttäuscht oder frustriert?

Wenn ich in die Tiefe wachsen will, muss ich wissen: Was beherrscht mich da? Ergänzen kann man: Es ist wichtig, dass wir unseren Partnern oder unseren Freunden die Erlaubnis geben, uns zu spiegeln, wie sie uns wahrnehmen.

Wo brauche ich Weisheit?

Weisheit ist die Summe aller Erfahrung und das Wissen um ihre Bedeutung für das Leben. Als ich jung war, gab es Leute, die zu mir sagten: »Oh, was bist du klug!« Je älter ich werde, desto öfter sagen die Leute: »Du bist so weise!«

Wir alle brauchen Weisheit, aber niemand von uns hat all

die Weisheit, die er braucht. Daher können wir uns mit anderen Menschen zusammenschließen und gemeinsam weise sein. Wer hilft mir mit meiner Weisheit? Wo brauche ich Weisheit?

Habe ich in meinem Leben eine Form von Anbetung gefunden, die mich befriedigt und erfüllt?

Wie wichtig ist es mir, Teil einer Gemeinschaft von Leuten zu sein, die regelmäßig gemeinsam Gott anbeten? Es geht dabei nicht darum, diese Art der Anbetung immer zu mögen. Aber es ist wichtig, zusammen mit anderen Leuten Gott anzubeten und das auch regelmäßig zu tun. In gemeinsamen Gebeten, im Gottesdienst oder beim Singen kann ich mich daran erinnern, dass Gott da ist, und meinen Dank ihm gegenüber ausdrücken. Auch das Bibellesen oder eine Predigt können eine Form von Anbetung sein, die erfüllt.

Habe ich so etwas, was mich erfüllt? Gehe ich nach solchen Begegnungen mit dem Gefühl nach Hause, dass Gott mich berührt hat?

Welche Herausforderungen begegnen mir bei der Entwicklung meines Charakters?

In jedem Jahrzehnt meines Lebens entdeckte ich Dinge an mir, bei denen ich dachte: Das muss sich ändern!

Ende 40 setzte ich mich mit einem Block Papier hin und schrieb eine Liste mit allen älteren Männern, die ich kannte. Dabei machte ich folgende Entdeckung: Die meisten alten Männer mochte ich nicht. Manche hatten aufgehört, ihre Frauen zu lieben. Manche mochten keine Veränderung. Andere waren auf junge Leute wütend und ließen sich leicht von ihnen provozieren. Sie klammerten sich an die Dinge von gestern und verhielten sich störrisch.

Ich musste mich fragen: »Ist das der Weg aller alten Männer? Heißt es das, alt zu sein?« Aber dann fand ich auf der Liste doch fünf Männer, die anders waren. Was sie gemeinsam hatten: Sie liebten ihre Frauen und führten glückliche Ehen. Das sah man an der Art, wie sie einander anschauten, wie sie sich berührten, wie sie miteinander redeten. Es waren außerdem Männer, die sich am Erfolg junger Menschen freuten. Sie konnten gut mit Veränderungen leben. Sie machten sich klar, dass sich die Welt ständig verändert und dass man das nicht aufhalten kann. Auch wussten sie, wie man mit Gott redet. Sie waren bereit, mit jedem zu beten, der ihr Leben kreuzte. Und schließlich: Sie hatten keine Angst vor dem Sterben. Sie hatten über das Thema nachgedacht und ihren Frieden gefunden. Ich habe diese Liste ernst genommen und über die Jahre versucht, auf diesen Gebieten zu wachsen.

In jedem Lebensabschnitt gibt es Herausforderungen in Bezug auf die Charakterentwicklung. Wo sind meine Herausforderungen? Wo muss ich wachsen?

Wer braucht mich und was kann ich ihm geben?

Gail und ich stehen meistens um 4.30 Uhr auf. Zwischen 5 und 6 Uhr mache ich einen Morgenspaziergang. Durch die Regelmäßigkeit trifft man unterwegs immer auf die gleichen Leute. Manche gehen jeden Morgen mit ihrem Hund spazieren und andere holen ihre Post aus dem Briefkasten.

Eines Tages begegnete ich um 5.30 Uhr morgens einem Mann, den ich sonst häufiger sah. Ich sagte zu ihm: »Ich habe Sie schon länger nicht mehr gesehen, einige Wochen lang! War irgendetwas los mit Ihnen?« – »Oh«, sagte er, »ja! Ich hatte einen Herzinfarkt. Jetzt bin ich den ersten Morgen wieder draußen.« Auf meine Nachfrage hin erzählte er mir von großen Schmerzen. Dieser Mann war ganz offensichtlich eine Person, die etwas brauchte. Ich sagte zu ihm: »Wir beide kennen uns ja gar nicht richtig gut. Aber wenn jemand, den ich kenne, Schmerzen hat, bete ich gerne für ihn. Wenn es Ihnen nichts ausmacht, bete ich jetzt für Sie!« Es machte ihm nichts aus, ich legte meine Hand auf seine Schulter und konnte ihn mit drei, vier Sätzen vor Gott bringen. Seine Worte zum Abschied waren: »So etwas hat noch nie jemand für mich getan!«

Wenn man durch den Tag geht mit dem Gedanken: »Wer könnte mich gebrauchen an diesem Tag?«, dann wird Gott Gelegenheiten schenken.

Wie gesund sind meine Kernbeziehungen?

Es ist oft sinnvoll, die eigenen Beziehungen zu reflektieren. Vor allem die Beziehung zum eigenen Partner. Wie würde ich die Qualität der Beziehung jetzt gerade beurteilen? Ist die Liebe vom Hochzeitstag bis heute gewachsen? Oder ist sie weniger geworden? Ist da Respekt? Freude? Dienstbereitschaft füreinander? Was ist mit den Beziehungen zu den Kindern oder Enkeln? Oder zu meinen Freunden? Diese zehn bis zwanzig Menschen, die näher mit mir unterwegs sind – habe ich gesunde Beziehungen zu ihnen?

Wenn wir uns in die zweite Hälfte des Lebens bewegen, dann wird das eine unglaublich wichtige Frage. In der ersten Hälfte können wir sie ein bisschen beiseiteschieben. Aber im Alter von 55, 60 Jahren werden viele von uns sagen, dass Beziehungen das Wichtigste im Leben sind.

Im Alter von 55, 60 Jahren werden viele von uns sagen, dass Beziehungen das Wichtigste im Leben sind.

Wie sehen mich die Leute in meinem Umfeld?

Was für ein Bild von mir haben die Leute, die für mich arbeiten oder für die ich arbeite? Was für ein Verhältnis habe ich zu meinen Nachbarn? Bin ich für sie eine Ansprechperson, treu und verlässlich? Jemand, der sich kümmert?

Wenn ich die Bibel bei Galater 5 aufschlage, sehe ich die Früchte des Geistes: »Wenn dagegen der Heilige Geist unser Leben beherrscht, wird er ganz andere Frucht in uns wachsen lassen: Liebe, Freude, Frieden, Geduld, Freundlichkeit, Güte, Treue, Sanftmut und Selbstbeherrschung« (Galater 5,22-23). Welche Früchte des Heiligen Geistes kann man an mir erkennen?

Vor Jahren traf ich mich mit einem Geschäftsmann zum Frühstück. Wenn ich daran denke, muss ich immer noch lächeln. »Ich studiere gerade die Früchte des Heiligen Geistes«, erzählte er mir. »Ich frage mich, welche von denen eigentlich in meinem Leben sichtbar sind und welche nicht.« Daraufhin wollte ich wissen: »Welche, glauben Sie, besitzen Sie nicht?« Und er antwortete: »Ich merke, dass ich kein freundlicher Mensch bin.« Das finde ich sehr interessant, denn Freundlichkeit ist selten geworden; die Leute sind oft feindselig zueinander.

Welche von den Früchten des Geistes sind bei mir sichtbar?

All diese Fragen sind mir wichtig. Gott erforscht unser Herz durch sie. Und letztlich war das auch die Frage des Bibelauslegers aus den USA. Was bedeutet es eigentlich, Christ zu sein? Bin ich offen dafür, zu hören, was Gott mir durch diese Fragen sagen will?

5 Wie ich Begegnungen gestalte. Über Präsenz und gelebte Gegenwärtigkeit

Mit Mitgliedern der Weggemeinschaft

Pastor … Mac …

Catherine war damals um die 50 und Single. Sie lebte in ihrer eigenen kleinen Welt. Ein bisschen merkwürdig war sie, besonders eben. Sonntags saß sie allein auf ihrem Stammplatz in der zweiten Reihe. Wer sie kannte, wusste um den leeren Blick ihrer Augen und um ihre extrem langsame Sprechweise – beides wohl eine Folge der vielen Medikamente, die sie nehmen musste. Was Catherine dachte, war niemandem so recht klar.

Ob sie sich gerne mehr eingebracht hätte oder ob sie Freunde hatte: Niemand wusste es so richtig. Catherine war ein Geheimnis.

Eines Tages allerdings fand ich auf ziemlich demütigende Weise heraus, dass ich sie falsch beurteilt hatte. Ich stand auf dem Gemeindeparkplatz und unterhielt mich mit einem Kollegen, als Catherine vorbeikam. Mit einem Seitenblick in ihre Richtung grüßte ich gönnerhaft: »Hallo, Catherine, wie geht's?« Natürlich nahm ich an, dass mein seicht-schnelles Wort ausreichte, und setzte meine Unterhaltung fort. Aber Catherine stoppte und kam direkt auf mich zu. Sie baute sich vor mir auf, schaute hoch zu mir (sie war recht klein) und sah mir unangenehm lange in die Augen.

Wegen der Unterbrechung leicht genervt, sagte ich: »Was kann ich für dich tun, Catherine?«

Einige Sekunden schwieg sie noch, aber dann fing sie an: »Pastor … Mac …« Jedes Wort kam langsam und wohlüberlegt. »Du … sagst … ›Hallo …, Catherine …, wie … geht's?‹ … Aber … ich … glaube …, du … willst … das … gar … nicht … wissen. Du … hast … gar … keine … Zeit … dafür. Du … hast … nur … Zeit … für … wichtige … Leute. Unwichtige … Leute … wie … ich … fragen … sich …, ob … du … überhaupt … was … mit … uns … zu … tun … haben … willst.«

Eine lange Pause entstand, weil Catherine nach den nächsten Worten suchte. Ich war wie gelähmt und sprachlos. Noch nie hatte sich Catherine so zur Geltung gebracht. Dann sprach sie weiter: »Also … frag … ich … dich …, Pastor … Mac …, willst … du … Leute … wie … mich … überhaupt … kennenlernen?«

Ich habe in meinem Leben eine Menge Rügen und Tadel erhalten. Aber der Rüffel Catherines ist unvergesslich für mich.

Dieses Erlebnis führte mir ein Thema vor Augen, das früher oder später allen begegnet, die mit Menschen zu tun haben oder in irgendeiner Art pastoralem Dienst stehen: Ich nenne es das Thema der Präsenz. Ironischerweise wird es umso wichtiger, je länger und einflussreicher man unterwegs ist. Denn Catherines gibt es überall. Sie leben am Rand und spüren es als Erste, wenn sich ein Leiter zurückzieht und die Sicherheit seines Büros, wichtiger Leute oder unmittelbarer Kollegen ihnen vorzieht.

Gott ist dabei …

Präsenz beschreibt dabei für mich die hohe Qualität einer Begegnung, eine Herz-zu-Herz-Beziehung (griech.: koinonia, Gemeinschaft) – etwas, das nicht geschieht, wenn viele Leute dabei sind. Eine Verbindung, die tief genug ist, dass jedem bewusst wird: Gott ist jetzt mitten unter uns und nimmt auf geheimnisvolle Weise an unserem Gespräch teil. Und Präsenz hat ein Ergebnis: Wir empfinden Wertschätzung, Fürsorge, liebevolle Korrektur, Ermutigung und den Impuls, im Glauben wachsen und reifer werden zu wollen. Der Geist Jesu wird in solch einer Begegnung spürbar. Und – manche wird das ärgern: Das, was Präsenz in der Regel in Menschen hervorbringt, passiert nicht durch Predigt oder Gemeinde-Programme.

> Präsenz hat ein Ergebnis: Wir empfinden Wertschätzung, Fürsorge, liebevolle Korrektur, Ermutigung und den Impuls, im Glauben wachsen und reifer. werden zu wollen.

Die Begegnung mit Catherine auf dem Parkplatz war das erste Mal, dass mir jemand so mutig und offen gesagt hat, dass sie oder er keine Präsenz von mir erfuhr. Zweifellos hatten das auch schon andere gedacht – aber sie hatten nicht den Mut aufgebracht, um es mir auch zu sagen.

Wenn ich die Substanz des Wortes Präsenz für mich noch besser beschreiben soll, dann fallen mir drei Bilder ein: eine Mutter, die ihr Kind stillt. Das Kind fühlt sich sicher, friedlich, geliebt, ernährt. Oder das Bild eines Schäfers, der die Herde hütet. Weil er dabei ist, fühlen sich die Schafe sicher, ruhig und gut versorgt. Auch das ist Präsenz – die Präsenz eines Hirten. Oder ich denke an einen alten Hausarzt, der eine Familie über Jahrzehnte begleitet und dessen Autorität und Erfahrung man vertraut. Wenn er jemanden untersucht, dann vermittelt das Zuversicht, die Angst wird gestillt, Hoffnung auf Heilung ist da. Auch das ist Präsenz.

Selten habe ich mehr Präsenz demonstriert gesehen als bei unserem Einsatz in der Woche nach 9/11 auf dem Ground Zero. Schon oft habe ich den beeindruckenden franziskanischen Mönch beschrieben, mit dem ich dort durch die surrealen Trümmer lief, um den Hunderten von Polizisten und Feuerwehrmännern Trost und Segen zu spenden. Der Franziskaner in seiner weißen Kutte, ich mit Jeans und Sweatshirt. Immer wieder kamen die Leute gezielt auf ihn – nicht auf mich … – zu und baten um Gebet oder Segen. Die Situation war extrem gefährlich, weil immer noch hohe Trümmerteile um uns herum standen, von denen niemand wusste, ob sie bald einstürzten. Es war beängstigend, so nah am Tod zu sein – umgeben von Schutt und den Körpern der Toten. Aber der Auftrag war klar, niemand lief weg – die Suche nach möglichen Überlebenden und das Bergen der Toten war zu wichtig. Also blieb nur die Bitte um Gebet oder Segen …

Und mein Freund betete und segnete. Sein Daumen zeichnete ein Kreuz auf die Stirn und seine Worte gaben den Zuspruch: »Im Namen des Vaters, des Sohnes und des Heiligen

Geistes versiegele ich dich mit dem Kreuz. Jesus ist mit dir, geh in Frieden.« Es lag ein Zauber über diesem Geschehen – die Leute kehrten an ihre Arbeit zurück mit dem Gefühl, Gott selbst habe sie berührt.

Nachdem ich das viele Male mit angesehen hatte, fragte ich ihn, wann er das letzte Mal gesegnet worden sei.

»Oh, das ist lange her«, meinte er.

»Darf ich dich segnen?«, fragte ich. Sofort kniete er sich hin, ich betete für ihn, zeichnete das Kreuz auf seine Stirn und sagte die Worte, die ich ihn hatte sagen hören. Dann zog ich ihn hoch und wir umarmten uns, Tränen in den Augen – ein katholischer Mönch und ein protestantischer Pastor. Eine tiefe Verbindung war entstanden. Ein Gefühl der Präsenz zwischen uns und Jesus, die ich nie vergessen werde.

Wo immer ich diese Geschichte erzähle, bitten mich Leute um einen ähnlichen Segen. Und mir wird bewusst, welchen Hunger die Menschen nach dieser Art Berührung, nach einer solchen Präsenz haben.

Brennende Herzen

Ich schreibe das, um den Kontrast zu meinem Verhalten damals mit Catherine deutlich zu machen. Was hatte sie in mir gesehen? Eine Mutter, einen Hirten, einen Arzt? Oder war ich einfach nur ein Gemeindemanager, der Veranstaltungen und Programme zu organisieren hatte? War ich ein Prediger für die vielen, mied aber die persönliche Begegnung und verbarg mich sobald als möglich in der Sicherheit meiner Räume?

Jesus hat die Sache mit der Präsenz deutlich gemacht: »Komm schnell herunter! Denn ich muss heute Gast in deinem Haus sein« (Lukas 19,5), sagte er zu Zachäus. Bedeutet:

Ich will unter vier Augen und sehr persönlich mit dir reden! Oder die Frau am Brunnen: Gegen alle kulturellen Regeln suchte Jesus die persönliche Begegnung und sprach direkt in ihre Seele hinein – priesterliche Präsenz. Jesus verbrachte Zeit mit den Kranken und Behinderten, mit den Besessenen und Prostituierten. Bis hin zum Kreuz, als Dieb und Räuber neben ihm hingen: »Heute noch wirst du mit mir im Paradies sein!« (Lukas 23,43). Wir alle kennen diese Geschichten – aber wir müssen uns immer wieder klarmachen, dass der Kern unseres christlichen Dienstes und Auftrags die persönliche Begegnung mit Menschen ist, die bewusst oder unbewusst nach Jesus suchen. Keine Predigt, kein Buch, kein Termin mit einem Therapeuten kann diese Form der Präsenz ersetzen.

Meine beiden Top-Präsenz-Storys bei Jesus? Ostersonntag, der auferstandene Christus begegnet den beiden total enttäuschten Jüngern auf der Straße nach Emmaus. Stundenlang begleitet er sie auf dem über zehn Kilometer langen Weg. Ermutigt sie, erinnert sie, öffnet das Wort für sie, füllt ihre Leere und Trostlosigkeit. Und dann, ganz am Ende erst … erkannten sie ihn. Hatten Schmerz und Trauer sie so blind gemacht, dass sie vorher nicht gewusst hatten, wer er ist? Passiert solch eine Herzensblindheit auch heute?

»War es uns nicht seltsam warm ums Herz, als er unterwegs mit uns sprach und uns die Schrift auslegte?« (Lukas 24,32), heißt es dann – so, als würden sie sagen: »Da war etwas so Vertrautes an dem, was er sagte und wie er es sagte. Unsere Zweifel, unsere Angst, unsere Enttäuschung … verbrannten.« Ist es zu romantisch formuliert, wenn ich sage, dass Präsenz, wahre Präsenz, passiert, wenn das Herz eines Menschen brennt? Wenn Altes verbrennt und Neues wächst … dann ist Gott gegenwärtig geworden. Brennende Herzen – für diese beiden Jünger hieß das, dass zerstörte Hoffnung und Erwartung neu entflammt wurden. Neues Vertrauen war da, der Auftrag wieder klar, Freude brach aus. Brennende Herzen – die haben wir, wenn tief drinnen in unserer Seele ein starkes Gefühl auftaucht, dass etwas richtig und wahr ist. Wenn eine Umkehr passiert, eine Bekehrung. Klarheit, dass ich bin, wo ich sein sollte – gemeinsam mit denen, zu denen ich gehöre.

Die andere Präsenz-Geschichte: Jesus am Ufer des Sees Genezareth und eine erschöpfte Jünger-Truppe, die erfolglos vom Fischen zurückkehrt. Jesus hat ein Frühstück für sie bereitet. Der Sohn Gottes, der ein Feuer entzündet, Wasser erhitzt, Brot oder Fische grillt. Ein ähnlich ungewöhnlicher Moment wie an dem Abend, als er ihnen die Füße wusch: Präsenz, volle Gegenwart, wirkliches Dasein für den anderen.

Wenn Altes verbrennt und Neues wächst ... dann ist Gott gegenwärtig geworden.

Es muss ein langes Gespräch gegeben haben an diesem Morgen – wir kennen aber nur ein paar Sätze daraus (vgl. Johannes 21,15-17): »Liebst du mich?«, fragt Jesus Petrus dreimal – und ich vermute, dass jede dieser Fragen der Start in ein langes Gespräch war. Und dann diese erneute Berufung für Petrus: »Dann weide meine Schafe!« (Johannes 21,17). Gegenwart, stundenlange Präsenz, brennende Herzen.

Auch Paulus war gut in der Kunst der Präsenz. Seine Erinnerung an die zwei Jahre in Ephesus in Apostelgeschichte 20 steht dafür. Meine Zusammenfassung seiner Gedanken auf dem Ältestentreffen, das dort erwähnt wird: »Ich habe euch vorgemacht, wie ihr als Christen leben sollt, und habe euch Christus verkündet. Ich habe meine Seele geöffnet – auch da, wo ich entmutigt war, gedemütigt oder bedroht. Ich habe bei euch gelebt und mit euch geweint. Will sagen: Ich war ganz da, war gegenwärtig, präsent. Nun müsst ihr das für die Leute sein – so wie ich es für euch war.«

Präsenz: wie wir sie vermitteln

Tiefer persönlicher Austausch, echte Begegnung, Präsenz – bei denen, die darin sehr gut sind, habe ich folgende Eigenschaften entdeckt:

Sie besitzen eine wache Sensibilität für die Menschen, mit denen sie zusammen sind – fast so wie ein Radar, das aktiv die Atmosphäre scannt. Gesichtsausdruck, Augen, Stimme, Wortwahl, Körpersprache, Gesagtes und Ungesagtes – all das nehmen sie bewusst wahr. Wer Präsenz praktiziert, dem entgeht nicht, wenn ein Verhalten oder eine Situation unnormal ist. Und der fragt nach: »Du siehst müde aus … wie geht es dir wirklich? Du bist sehr still heute … woran denkst du gerade? Wie geht es dir mit Jesus im Moment?« Diese letzte Frage liebe ich besonders.

Menschen, die Präsenz praktizieren, sind nicht anmaßend. Sie haben sich im Griff und besitzen ein Gefühl dafür, wie weit sie gehen und wie viele Fragen oder Gedanken sie der oder dem anderen zumuten können. Sie haben verstanden, dass es nicht schwer ist, die Wunden eines anderen Menschen zu öffnen. Aber sie haben auch gelernt, wie schwer es ist, eine Wunde zu schließen, wenn man zu ungeduldig oder zu unsensibel ist. Das Gefühl zu vermitteln, ganz da zu sein, lässt sich nicht mal eben in ein paar Minuten erledigen.

Praktiker von Präsenz sind also freundlich, geduldig, weich. Sie lassen sich Zeit. Achten auf den richtigen Ort oder verschieben auch einmal ein Gespräch, wenn die Situation nicht geeignet ist, einen wirklichen Lebensknoten zu lösen. Vertraulichkeit ist wichtig. So kann Vertrauen wachsen und Klarheit und Offenheit werden möglich. Präsenz verlangt Geduld.

Praktiker der Präsenz hören zu, ermutigen, bestätigen und nehmen den anderen an die Hand, wenn sie mit ihm durch eine dunkle Stunde gehen. Sie sind sich der Grenzen ihrer Begabung und Berufung bewusst. Präsenz in einer Situation bedeutet vieles. Das schlichte Dabeisein, das stille Hören. Die Fürbitte. Unser Bewusstsein für das Wort der Bibel oder die Weisheit der Mütter und Väter. Wir berühren – nur, wo angemessen. Wir singen, sind aufmerksam, dienen mit kleinen, einfachen Hilfen. In all dem sind wir ganz da und vermitteln nebenbei, dass auch Gott Teil der Situation ist.

Nein, ich rede nicht darüber, dass wir hier Seelsorger oder Therapeuten wären. Es geht um das, was jeder ganz normale Jesus-Nachfolger tun kann, der sich aufmerksam und zart mit Menschen befasst. »Präsent für Gott, präsent für Menschen« – das hat Michel Foucault als Lebensberufung für sich formuliert. Fast jeden Tag denke ich über diese Zeile nach.

Das Charisma

Es gibt noch einen weiteren Aspekt zum Thema. Ich gebrauche hier das Wort »Charisma«. Eine Kraft oder Gabe, die durch die Gegenwart des Heiligen Geistes vermittelt wird. »Doch wenn der Geist der Wahrheit kommt, wird er euch in alle Wahrheit leiten. Er wird nicht seine eigenen Anschauungen vertreten, sondern wird euch sagen, was er gehört hat. Er wird euch von dem erzählen, was kommt« (Johannes 16,13), sagt Jesus über den Heiligen Geist.

Das ist Charisma: das Versprechen, dass Gott durch seinen Geist mit Menschen zusammenarbeitet, die dazu bereit sind.

Das ist Charisma: das Versprechen, dass Gott durch seinen Geist mit Menschen zusammenarbeitet, die dazu bereit sind. In diesem Sinne ist auch Gott in entscheidenden Momenten präsent. Seine Hand berührt Ohren, Augen und unseren Geist und ruft Wahrheit in Erinnerung, die wir in den Erfahrungen unseres Lebens gespeichert haben. Wenn wir also reden, dann reden wir aus dieser Nähe zu Gott und glauben, dass er unsere Worte und Gedanken zum Besten der anderen überwacht und ein tiefes Erkennen schenkt.

Vor vielen Jahren kam jemand als Student zu mir, der heute ein angesehener Leiter ist. Nachdem wir ein wenig miteinander geredet hatten, überraschte er mich mit folgenden Worten: »Ich habe für dieses Gespräch gebetet. Ich stehe vor sehr wichtigen Entscheidungen. Und ich möchte, dass du weißt, dass ich erwarte, dass Gott in unserem Gespräch gegenwärtig ist und mich durch das leitet, was wir hier reden.« Und dann noch ein Satz: »Sei also bitte sehr vorsichtig mit dem, was du sagst. Ich bin bereit, das als Auftrag Gottes für mein Leben zu hören.«

So etwas hatte mir noch keiner gesagt. Ich war verblüfft und überwältigt. Genau dieses Gefühl, das in mir durch diese Ansage entstand, wünsche ich mir als Verständnis für das Charisma der Präsenz: Gott könnte durch uns reden. Wenn wir so denken, dann hätten viele Gespräche von Christen mehr Substanz und Ernsthaftigkeit.

In einer sehr schwierigen Situation unseres Lebens kam ein Mann zu Besuch, dem Gail und ich vertrauten. Im Verlauf des Gesprächs sagte er Folgendes: »Gordon, Gail, ich weiß, dass dies gerade dunkle Momente für euch sind. Ich bin hier, um euch zu sagen, dass ihr euch entscheiden müsst. Ihr könnt jetzt euren Schmerz leugnen oder ihn wegerklären oder die Schuld jemand anderem geben. Oder ... oder ... ihr beide könnt diesen Schmerz akzeptieren und die Dinge hören, die Gott euch zu sagen hat – Dinge, die ihr unter anderen Umständen vielleicht nie verstanden hättet.«

Minuten später gingen Gail und ich auf die Knie und sagten

Gott unter Tränen, dass wir die zweite Option wählen wollten: den Schmerz umarmen und sorgsam auf das hören, was er uns sagen wollte. Das passierte vor rund 30 Jahren. Und was wir hörten und dann taten, war entscheidend für uns.

Dieser Mann ist mittlerweile tot. Aber an dem Tag, an dem er uns besuchte, brachte er die Präsenz Gottes mit sich. Und unsere Herzen brannten.

Damals auf dem Parkplatz ergriff ich die Hände von Catherine: »Catherine, ich habe verstanden, was du gerade gesagt hast. Ich entschuldige mich aufrichtig und bitte um Vergebung. Wir müssen einmal richtig miteinander reden, damit ich verstehe, wie ich es besser machen kann.«

Seit dieser Erfahrung ist mir Präsenz wichtig. Ich habe gute Erfahrungen damit gemacht. Es gibt Leute, die das Gefühl bekommen haben, dass ich ihnen wirklich zugehört habe und helfen konnte. Zugleich gilt: Ich werde auf diesem Gebiet bis zu meinem Lebensende ein Lernender bleiben.

6 Wie ich gesunde Beziehungen führe.
Über zehn Werte, an denen sich gutes Miteinander messen lässt

Mit Gail

Die Vitalwerte einer Beziehung

»Wo sind die Vitalwerte von Mr MacDonald?«, fragte jemand, als ich im Untersuchungszimmer saß. Kurze Zeit später brachte die Sprechstundenhilfe eine Mappe. »Was für Werte sind das?«, fragte ich interessiert. »Na ja, so die wichtigsten Sachen – Blutdruck, Pulsfrequenz, Temperatur, Atem – das messen wir ja jedes Mal. So können wir eine Prognose erstellen.«

Vitalwerte – Lebenszeichen: Standard-Indikatoren für körperliche Gesundheit. Ein Begriff, bei dem ich sofort versucht war, Parallelen zu ziehen: Gibt es zum Beispiel Vitalwerte für die Lebendigkeit menschlicher Beziehungen – für Ehe, Familie, Freundschaft, Arbeitsteams oder Gemeinde?

Als Pastor war ich immer Teil verschiedener Leitungsteams und musste am Anfang mühsam lernen, die Lebenszeichen einer Beziehung zu erkennen – oder besser: nicht zu übersehen! Angst, Spannungen, Konkurrenzdenken, Eifersucht, Dominanz. Heute weiß ich, dass Beziehungen ziemlich schnell verwildern können, wenn man nicht ständig die Vitalwerte im Auge behält. Medizinisch gesehen gibt es vier Vitalwerte – wenn es um Beziehungsqualität geht, fallen mir zehn ein.

1. Vision

Eine Vision ist in der Regel eine große Idee, Chance oder Herausforderung, die bei zwei oder mehr Menschen Energie freisetzt und sie dazu bringt, gemeinsam in die Hände zu spucken, um Wirklichkeit daraus werden zu lassen. Eine sinnvolle Vision steckt erreichbare Ziele und erfordert Glauben, Opfer, harte Arbeit und persönliche Entwicklung. Sie sollte das Beste aus jedem herausholen, der sich ihr stellt. Es gibt immer eine »visionelle« (mein neues Wort ...) Basis für eine gute Freundschaft, Ehe oder Gruppe. Egal, ob bewusst definiert oder nur gemeinsam empfunden: Eine Vision treibt die Beziehung voran und verweist Unwichtiges an den Rand.

Wenn ich in Gruppen zu Gast bin, frage ich gern: »Was bringt euch zusammen? Welche Vision treibt euch an? Wie anziehend und frisch ist sie – jetzt und heute? Habt ihr wirklich alle die gleiche Vision?« Dann höre ich genau hin. Antworten alle übereinstimmend? Spürt man Freude und Begeisterung? Ist ein guter Stolz zu spüren, Teil dieses Teams zu sein? Als Nehemia die Leute herausforderte, die Stadtmauer Jerusalems wieder aufzubauen, bekam er eine spontane Reaktion: »Wir wollen anfangen und bauen!« (Nehemia 4,18), riefen sie. Und aus den Leuten wurde ein Team – eine Gemeinschaft von Menschen, deren Zusammenhalt durch eine sinnvolle Vision genährt wird.

2. Belastendes Gepäck

Gibt es Geheimnisse oder verborgene Dinge aus Vergangenheit und Gegenwart – Gepäck, das eine Beziehung belastet oder beeinflusst? Josuas Armee hatte Jericho nach dem Posaunenmarsch um die Stadtmauer geschlagen und wollte nun noch schnell das kleine Dorf Ai erobern – ein Klacks gegen Jericho. Am Ende aber flohen Josuas Truppen vor den wenigen Leuten dort – wegen eines Mannes in ihrer Mitte: Achan. Ein Mann mit belastendem Gepäck – einem Geheimnis, das eine ganze Gemeinschaft schwächte. Achan hatte von Gott gebannte Güter aus Jericho unter dem Boden seines Zeltes versteckt (vgl. Josua 6-7). Dieses geheime Gepäck zog das ganze Volk nach unten. Ähnlich wie die dunklen Flecken in jedermanns Seele. Eine fast magische Kraft, die selbst eine starke Armee neutralisieren kann.

So etwas passiert auch in Gemeinden, Missionsteams oder Dienstgruppen: Versteckte Sachen unter dem Boden der Zelte: verborgene Ängste, Zorn, Bedauern, Schuld, Bitterkeit, geistliche Verhärtung. Da tut sich jemand extrem schwer mit Autorität und unterminiert immer wieder die Rolle des Leiters. Am Ende stellt sich heraus, dass er unverarbeitete Negativ-Erfahrungen mit sich herumschleppt. Und jetzt bleibt er immer wachsam, widersteht jeder Form von Autorität, hellhörig und ängstlich auf alles »von oben« horchend, was Missbrauch sein könnte. Ergebnis: Spannung, Missverständnis, Verlust von Einheit und Tempo für die gesamte Gruppe.

In allen ernsthaften Beziehungen ist es wichtig, dass wir unsere persönlichen Geschichten kennen. Wenn wir einander zuhören und Fragen stellen, werden wir Muster entdecken in dem, was uns jemand anvertraut. Und verstehen lernen, warum einer so denkt und handelt. Und daraus wieder wächst die Chance, einander zu vergeben, Verhalten zu verändern, anders zu leben und negative Ängste und Gewohnheiten zu verlernen. Wenn wir solche geistlichen Schritte aufeinander zu nicht wagen, erlauben wir, dass sich immer mehr Gepäck ansammelt, das die Beziehungen belastet und unsere Kraft mindert.

3. Temperament

Zwischen Timotheus und Paulus hätte es viel Ärger geben können, wenn die beiden nicht so vorsichtig gewesen wären. Der eine Jude, der andere gemischter Herkunft. Einer älter, der andere jünger. Paulus eher aggressiv in seinem Leitungsstil, Timotheus eher sanft und barmherzig. Am wichtigsten wohl: Paulus war ein logischer Denker, Timotheus eher ein »Fühler«, ein Menschen-Mensch. Wie haben es die beiden bloß miteinander ausgehalten?

Bis hinein in Paulus' Briefe sieht man diesen Temperaments-Unterschied: Paulus drückt und schiebt Timotheus herum – und ist zugleich voll des Lobes: Niemand kümmert sich so sehr um die Leute wie Timotheus. Die beiden müssen ständig an ihren Unterschieden gearbeitet haben, um so gut zusammenzuarbeiten.

Ich war einmal bei einem Treffen von Regionalleitern einer Organisation. Einer aus der Gruppe hielt sich stark zurück und sagte fast nichts, obwohl er offensichtlich vom angesprochenen Thema mehr verstand als die anderen. Mittags sprach ich ihn an. »Warum hältst du dich so zurück? Bist du sauer auf jemanden? Wir brauchen deine Stimme!«

Paulus und Timotheus müssen ständig an ihren Unterschieden gearbeitet haben, um so gut zusammenzuarbeiten.

»Ach, ich überlege mir einfach nur sehr intensiv, was ich sagen will, damit es wirklich stimmig ist. Und wenn ich dann gerade den Mund aufmachen will, kommt mir garantiert jemand anderes zuvor!«

Jemand, der introvertiert und vorsichtig war – ich hatte ihn übersehen und hätte einige der extrovertierten Leute bremsen müssen, um ihm Raum zu geben. Trotz seines großen Wissens war die Gesprächsrunde für ihn spannungsvoll, weil sein Temperament bei der lebhaften Diskussion nicht beachtet wurde.

Mir scheint, dass vor allem Leitertypen versucht sind, Temperaments-Unterschiede als Vitalzeichen nicht ernst genug zu nehmen. Das macht mir Sorge, weil gerade Temperament ein Faktor ist, dessen Verständnis viel zu guten Beziehungen beiträgt – egal, ob zu Hause, im Büro oder in Organisationen.

4. Kommunikation

Auf welchem Niveau kommunizieren wir miteinander? Nach John Powell gibt es da fünf Arten:

- Klischees: »Hallo, wie geht's?«
- Fakten/Berichte: »273 Leute waren da.«
- Meinungen/Urteile: »Die haben uns einfach nicht verstanden!«
- Gefühle: »Ich bin so traurig darüber, mich macht das ganz fertig!«
- Liebendes, vertrauliches Gespräch: »Ich empfinde, dass du an dieser Stelle enorm gewachsen bist …«

Diese fünf Arten der Kommunikation verlangen jeweils ein wachsendes Maß an Mut, Vertrauen und Hingabe. Jede flüchtige Beziehung kann die ersten Niveaus von Kommunikation erreichen. Aber nur eine gewachsene Beziehung kommt bis zu den letzten beiden. Wenn ich mit Paaren oder Leitungsteams zusammen bin, achte ich sorgfältig darauf, auf welchem Niveau sie miteinander reden. Meiner Beobachtung nach erreichen nur relativ wenige ein wirklich tiefes und vertrauliches Niveau des Miteinanders – oder streben es überhaupt an. Nicht genug Zeit, nicht genug Interesse, nicht genug Mut.

5. Zusammenarbeit

Gemeinsam etwas schaffen. Die Freude daran, zusammenzuarbeiten – das ist in jeder Beziehung ein wichtiges Lebenszeichen.

Ich war zu Gast bei einem jungen Paar. Die junge Frau gab sich viel Mühe, dass alles da war und jedes Detail der Mahlzeit stimmte. Sie hatte gekocht, den Tisch gedeckt, servierte Nachschlag, deckte das Geschirr wieder ab und brachte einen Kaffee zum Abschluss. Ihr Mann dagegen redete die ganze Zeit nur und rührte nicht den kleinsten Finger. Keine Zusammenarbeit … Später im Gespräch vertraute er mir an, dass er seine Ehe nicht sehr befriedigend fand.

»War dein Verhalten bei Tisch ein Bild für die Art, wie ihr miteinander lebt?«, fragte ich ihn.

»Was, wieso?«, fragte er zurück.

»Ihr beiden habt nicht zusammengearbeitet«, antwortete ich, »deine Frau hat die ganze Arbeit erledigt!«

Er überlegt einen Moment und sagte dann: »Gemeinsam arbeiten haben wir noch nie gut hingekriegt. Jeder hat da so seine eigene Art und kann mit der des anderen nichts anfangen. Also macht jeder sein Ding …«

Eine Beziehung, in der man nicht zusammenarbeitet, stirbt jeden Tag ein bisschen. In 2. Mose 36 erhalten Bezalel und Oholiab die Aufgabe, gemeinsam mit allen anderen Kunsthandwerkern ein Heiligtum zu bauen. Sie werden beschrieben als vom Geist Gottes erfüllt, fachlich geschickt und in der Lage, andere anzuleiten. Die Arbeit geht so gut voran und die Leute sind so aktiv involviert, dass es am Ende sogar zu viel des Guten ist. Oholiab wendet sich an Mose und bittet darum, dass die Leute aufhören zu spenden. Künstler, Leiter, Leute – praktische Arbeit, Koordination und Spenden: ein starkes Bild von Zusammenarbeit und Kommunikation. Eine tolle Gemeinschaft, bei der man dazugehören möchte. Leute, die wissen, wie man einander unterstützt.

Diesen Gemeinschaftsgeist sah ich auch einmal bei einem Projekt von »Habitat for Humanity«. 25 Leute (darunter Gail und ich) wollten eines der einfachen Holzhäuser aufstellen, die diese Organisation weltweit für Arme baut. Und wir wollten vor dem Wochenende fertig werden. Also packte jeder an und keine Arbeit war zu klein oder schmutzig oder schwer. Jeder war mal Leiter, jeder ließ sich anleiten – perfekte Zusammenarbeit. Wir liebten diese Arbeit … und, ja, auch einander.

6. Persönliches Wachstum

Wenn man Beziehungsqualität beurteilen will, geht es auch um den Wachstums-Faktor. Reifen die Leute sowohl in ihrem Können als auch charakterlich und geistlich? Ich zum Beispiel war nicht besonders reif, als ich meine Frau Gail traf. Dennoch war ich überzeugt von Paulus' Satz an die Männer in Ephesus: »Und ihr Ehemänner, liebt eure Frauen mit derselben Liebe, mit der auch Christus die Gemeinde geliebt hat. Er gab sein Leben für sie … Er tat dies, um sie als herrliche Gemeinde vor sich hinzustellen, ohne Flecken und Runzeln« (Epheser 5,25-27). Diese Worte riechen nach Wachstum. Sie legen nahe, dass jede Form von Beziehung – von Ehe bis zur Gemeinde – Wachstumschancen für jeden schaffen muss, der daran teilhat.

In Bezug auf mein Eheversprechen kam es also darauf an, eine Wachstumsumgebung zu schaffen, damit aus Gail all das werden konnte, zu dem Gott sie berief. Ich nahm ernst, dass mich mein Schöpfer eines Tages fragen könnte, ob unter meiner Liebe und Ermutigung aus Gail all das geworden war, was er sich für sie vorgestellt hatte. Und für Gail war es umgekehrt auch in Bezug auf mich die gleiche Herausforderung.

Ich nahm ernst, dass mich mein Schöpfer eines Tages fragen könnte, ob unter meiner Liebe und Ermutigung aus Gail all das geworden war, was er sich für sie vorgestellt hatte.

Manchmal bin ich in Gemeinden, wo alles und jeder im Schatten des leitenden Pastors zu stehen scheint. Leute waren dazugekommen und nach einigen Jahren wieder gegangen: entmutigt, ausgebrannt, verbittert. Warum? Niemand hatte für ihr Wachstum Sorge getragen. Aber es gibt eben auch andere Formen von Beziehung, wo geistliches Wachstum und Förderung der Berufung zum Eingemachten gehören. Die Leitenden haben große Freude daran, die Frauen und Männer ihrer Teams wachsen und reifen und in größere Herausforderungen hineinfinden zu sehen. Niemand wird benutzt, jeder wird gefördert.

Jean Vanier schreibt dazu: »Autorität auszuüben, bedeutet, sich wirklich verantwortlich für andere und ihr Wachstum zu fühlen – und zu wissen, dass die anderen nicht Eigentum sind, nicht Objekte, sondern Menschen, in deren Herzen das Licht Gottes wohnt. ... Die größte Gefahr für einen Leitenden ist es, Menschen zu manipulieren und über sie zu herrschen.«

7. Ermutigung/Lob – Korrektur/Ermahnung

Ich mache mir Sorgen um Gemeinden und Organisationen, wo es kein bewusstes Lob für Leiter gibt und wo Älteste oder Vorstände nicht wirklich Verantwortung übernehmen. In solchen Beziehungs-Umgebungen verlieren die Menschen den Blick dafür, Danke zu sagen oder »Gut gemacht!«. Aber sie sagen auch kein »Hier musst du Gas geben!« oder »Darüber mache ich mir Sorgen!«.

Wie also wird Lob und Ermutigung, Korrektur und Ermahnung am besten gegeben? Und: Warum ist das überhaupt wichtig?

Jesus sagt zu Paulus: »Du bist gesegnet ... auf diesen Felsen will ich meine Gemeinde bauen« (Matthäus 16,17-18). Eine erstaunliche Ermutigung und große Anerkennung, die Jesus hier ausspricht. Jesus sagt ganz offen, dass er Wachstum, Reife, Verständnis und Fähigkeit in ihm sieht und sich an diesem einstigen Fischer freut. Nur ein paar Absätze später aber wird Petrus Opfer seiner Impulsivität und will Jesus dazu bringen, sich von seinem Ja zum Kreuz abzuwenden. Und jetzt zögert

Jesus keinen Moment, um ihn zu ermahnen und zurechtzuweisen: »Geh weg von mir, Satan!« (Matthäus 16,23). Mit anderen Worten: »Du bist hier nicht der Leiter, sondern mein Nachfolger – ich sage, wo es langgeht! Tritt hinter mich, dahin, wo du hingehörst – du hörst dich an wie der Satan, der mich in die Wüste führen wollte.«

Oder an anderer Stelle: »Simon, Simon, Satan hat euch alle haben wollen. Er wollte euch durchsieben wie Weizen. Doch ich habe für dich gebetet, dass dein Glaube nicht aufhöre. Wenn du also später umgekehrt und zu mir zurückgekommen bist, dann stärke deine Brüder« (Lukas 22,31-32). Ermutigung, Ermahnung, Warnung – Jesus gibt alles.

Heute hört man aber auch Sätze wie diese: »Ich bin ihm nie gut genug!«, »Wenn er sauer ist, dann meidet er mich einfach.«, »Wenn er doch nur einmal ›Danke‹ sagen würde!«, »Ich habe mein Bestes gegeben – aber für ihn scheint es nie zu reichen!«. Das sind keine gesunden Beziehungs-Vitalwerte.

8. Botschaft

Schaue ich auf verschiedene Beziehungen oder Gemeinschaften, frage ich mich oft, welche Botschaft diese Beziehungen abstrahlen. »Eure Liebe zueinander wird der Welt zeigen, dass ihr meine Jünger seid« (Johannes 13,35), sagt Jesus. Die Art von Botschaft, die Jesus sich von uns erhofft, scheint weniger auf eine werbende Predigt als auf eine anziehende Qualität ausgerichtet. Als ob er sagen würde: »Die Art eurer Beziehungen wird eure Predigt beglaubigen – oder disqualifizieren.«

Gail und ich kommen aus schwierigen Familien. Nur allzu leicht wäre es möglich gewesen, schädliche Beziehungsmuster vorheriger Generationen in unserer Ehe zu reproduzieren – so viel Schmerz, so viel zerstörte Persönlichkeiten. Doch wir entschieden uns, eine neue Qualität von Beziehung zu leben – und das stellte uns vor die Frage, welche Botschaft unsere Beziehung zu anderen senden sollte. Unsere Entscheidung: Wir wollten echte Lebenspartner sein, die die Liebe von Jesus in allem, was wir tun und sagen, sichtbar machen. Nein, wir haben es nicht ohne Fehler und Schwächen geschafft. Aber es bleibt unser lebenslanges Ziel.

Bei der Beerdigung von Rufus Jones (dem großen Philosophen der Quäker) sagte John Hoyland, einer seiner Weggenossen: »Er war ein Prophet und ein Heiliger und ein strahlendes Licht. Wir liebten und verehrten ihn. Er war der Leiter in unserem Leben. Seine Bücher waren nicht das Wichtigste, sondern seine Persönlichkeit – seine Liebe, sein Humor, seine Strahlkraft und Seelenverwandtschaft mit uns. Der Heilige Geist war bei ihm bis in die Fingerspitzen zu spüren. Er gab jedem von uns das Gefühl, wichtig zu sein, und liebte jeden auf persönliche Weise. Er hatte die außergewöhnliche Gabe kreativer Freundschaft.«

Das ist eine Beziehungsbotschaft!

9. Erlösung und Wiederherstellung

Eine wichtige Frage für Beziehungen: Wird hier Gnade praktiziert? Gibt es Barmherzigkeit untereinander – eine zweite oder dritte Chance, wenn jemand versagt? »Wir Menschen werden zerbrochen geboren«, sagt der Theaterschriftsteller Eugene O'Neill. »Wir leben, um uns zu reparieren. Die Gnade Gottes ist der Klebstoff.« Ich weiß nicht, ob O'Neill Christ war, aber ich halte den Satz für wahr. Jeder von uns hat sich schon eingesperrt gefühlt in Beziehungen, die von einem Mangel an Gnade und einem Überfluss an Bitterkeit gekennzeichnet waren. Beziehungen, in denen ständig der Schorf einer Wunde wieder aufgerissen wird, der doch eigentlich unsere Sünde und Versagen bedecken soll.

Wir leben, um uns zu reparieren. Die Gnade Gottes ist der Klebstoff.

Dann aber gibt es auch Beziehungen, wo jeder um seinen gebrochenen Zustand weiß und etwas von der unglaublichen Macht heilender Gnade versteht. Eine Ehe, wo Vergebung und Umkehr Kernüberzeugungen sind. Eine Gemeinde, wo das Eingeständnis von Versagen nicht zu Klatsch und Tratsch führt. Eine Organisation, wo aus Fehlern Lern-Erfahrungen gemacht werden.

Mutter Teresa sprach über den Geist der Erlösung, als sie über ihre Ordensgemeinschaft schrieb: »Da gibt es diese eine Schwester in der Gemeinschaft, die die Gabe hat, mich jedes Mal zu nerven. Ihre Art zu reden, ihr Verhalten, ihr Charakter sind so wenig liebenswert. Aber sie ist ja eine Schwester. Gott liebt sie von Herzen. Also erlaube ich meiner Abneigung gegen sie nicht, mich einzunehmen. Auf diese Weise erinnere ich mich daran, dass (christliche) Liebe keine Sache der Gefühle ist, sondern der Taten. Ich habe mich entschieden, diese Schwester so zu behandeln, als wäre sie die liebenswerteste auf der Welt. Jedes Mal, wenn ich sie treffe, bete ich für sie und danke Gott für ihre Gaben und Taten. Ich bin mir sicher, dass Jesus sich das von mir wünscht.«

10. Dauerhaftigkeit

Ein letztes Lebenszeichen, das ich prüfe: Dauerhaftigkeit. Ist diese Beziehung fähig, durchzuhalten? Kann sie die Schläge aushalten, die ihr durch Versagen und Schwäche, aber auch durch Erfolg und Bekanntheit, versetzt werden? Kann sie sich den Zeiten anpassen und Gottes Stimme mitten in der Verrücktheit unserer Kultur heraushören?

Ich wuchs in einer frommen Kultur auf, in der die Menschen nicht wertgeschätzt, sondern benutzt wurden. Beziehungen dauerten so lange, wie einer zur Organisation beitrug, in Übereinstimmung mit der theologischen Färbung blieb oder nicht irgendwie versagte. Sonst endete die Beziehung. Sie hörte einfach auf.

Mir wurde klar, dass ich durch diese Art »christliches« Denken geprägt wurde, bei dem Beziehungen oder Freundschaften immer nur etwas Vorläufiges und Unverbindliches hatten und mit beängstigender Geschwindigkeit fallen gelassen wurden. Durch gute Ratgeber und Freunde begann ich, diese Art des Lebens abzulehnen, und entschied mich für eine andere. Gail und andere brachten mir bei, dass es keinen größeren Gewinn gibt als Beziehungen, die bis zum Ende halten.

Ausdauer, Standfestigkeit und Haltbarkeit – das sind auch Worte, die auf das Team von Billy Graham zutrafen. Über Jahrzehnte hielten sie zusammen. Eine Gruppe junger Männer in ihren Zwanzigern hatte sich um eine Ehrfurcht einflößende Vision geschart: Die ganze Welt sollte das Evangelium hören. Gemeinsam formten sie einen Bund der Hingabe und des Charakters. Sie bereisten jeden Kontinent und sprachen, sangen und lehrten vor zig Millionen Menschen.

Ihre Botschaft: »Das ist es, was ihr erreichen könnt, wenn ihr einander liebt, barmherzig seid, zusammenarbeitet und einander ein Leben lang treu und loyal bleibt!« Alle Vitalwerte dieser wunderbaren Gruppe alter Männer sind positiv. Sie haben uns gezeigt, was möglich ist – und wie es sein sollte.

Wer die Vitalwerte seiner Beziehungen im Blick hat, hält Ärger fern.

7 Wie ich wirksam predige. Über die Kunst, mit Worten die Seele zu erreichen

Beim Predigen

Wo Paulus auch hinkam, brach eine Revolution aus. »Wo immer ich hingehe, wird Tee serviert«, beklagte sich ein anglikanischer Bischof im Blick auf die Wirkung seiner Arbeit. Wir wissen, wovon er redet – gerade, wenn es um das Predigen geht. Man investiert die nötige Zeit in die Vorbereitung, geistlich wie thematisch. Sobald die Predigt Gestalt annimmt, begibt man sich auf die Suche nach Geschichten und Illustrationen, die bedeutungsschwanger und ausdrucksstark erscheinen. Man durchwühlt sein eigenes Leben, damit die Predigt das Leben reflektiert und man so transparent wie möglich auf die Kanzel gehen kann. Und wenn es dann so weit ist, predigt man sich die Seele aus dem Leib. Wörter fließen; Gedanken bauen sich auf; Geschichten erzeugen Lachen oder nachdenkliche Stille; man fordert die Leute zu einer Entscheidung heraus und erwartet … *Pfingsten, die Ausgießung des Heiligen Geistes!*

Minuten später schlängeln sich die Leute aus dem Saal und begegnen einem mit undurchsichtigen Kommentaren wie »Danke für die interessante Predigt!«, »Darüber muss ich wirklich nachdenken!«, »Sie haben echt den Nagel auf den Kopf getroffen!«. Auf dem Nachhauseweg liegen die Nerven blank. In der Tat war es ein netter Morgen … aber hat er irgendetwas bewegt? Oder wurde wieder mal nur Tee gereicht?

Ich habe schon manchen Nachhauseweg mit solchen Gedanken zugebracht. Ich bestieg die Kanzel und meinte vom Geist eines Martin Luther erfasst zu sein – und verließ sie und fühlte mich wie Fips, der Alleinunterhalter. Ein trübsinniger Moment …

Immer dieselben Klischees?

Predigten in der Bibel scheinen, zumindest auf den ersten Blick, immer eine heftige Reaktion hervorgerufen zu haben. Wie muss es wohl gewesen sein, als Esra und die Leviten das Gesetz verkündeten und das Volk nicht aufhören konnte zu schluchzen, weil es so bewegt war? Man stelle sich vor, man wäre Johannes der Täufer, als die Menge schrie: »Was sollen wir tun?« Oder Petrus an Pfingsten, dessen Predigt den Menschen »durchs Herz ging«. Was geschah, als Paulus in Philippi predigte und »der Herr das Herz der Lydia öffnete«? Beeindruckende Momente, Predigten, die einen hohen Erwartungsdruck erzeugen.

Manche sprechen von gesalbter oder geisterfüllter Predigt, wenn sie darüber nachdenken, woher der Ursprung für die Kraft einer guten Predigt kommt. Und wenn wir an den Zuhörer denken, dann wünschten wir uns eine Tiefenwirkung, die wirklich die Seele erreicht – denn das ist ja das Ziel jeder Predigt.

In der Tiefe der Seele wirksames Predigen ist etwas ganz anderes als eine Predigt, die nur an den Verstand oder an das Gewissen appellieren möchte. Ersteres bewirkt Überführung, Umkehr, mutige neue Schritte. Letzteres eine flüchtige Erfahrung von guten Gefühlen oder ein intellektuelles Abnicken einer stichhaltigen Argumentation – nicht viel mehr.

In der Tiefe der Seele wirksames Predigen ist etwas ganz anderes als eine Predigt, die nur an den Verstand oder an das Gewissen appellieren möchte.

In einem alten Cartoon sagt ein Prediger zum anderen: »Im Grunde genommen biete ich ja immer nur dieselbe Sammlung frommer Klischees – aber ich hab es wieder mal geschafft, sie richtig spannend zu kombinieren.« Predigen mit Tiefenwirkung dagegen ist so, wie wir es in Hebräer 4 über das Wort Gottes lesen: »Das Wort Gottes ist lebendig und wirksam. Es ist schärfer als das schärfste Schwert und durchdringt unsere innersten Gedanken und Wünsche. Es deckt auf, wer wir wirklich sind, und macht unser Herz vor Gott offenbar« (Hebräer 4,12).

Eine wichtige Beobachtung ist, dass schon zu biblischen Zeiten nicht jede Predigt in die Seelen der Zuhörer drang. Zu Hesekiel zum Beispiel sagte Gott: »Dann kommen sie zu dir, wie ein Volk eben zusammenkommt. Sie setzen sich als mein Volk vor dir auf den Boden und hören dir zu. Aber sie befolgen deine Worte nicht. Mit dem Mund tun sie dir schön, doch ihr Herz ist nur mit ihrem eigenen Gewinn beschäftigt. Du bist für sie wie jemand, der ein Liebeslied singt, der eine schöne Stimme hat und sein Instrument gut spielt. Sie hören, was du sagst, aber sie handeln nicht danach« (Hesekiel 33,31-32). Das hörte sich nach einem ziemlich hartleibigen Publikum an, Leute, die schwer zu überzeugen sind.

Wer die Gabe und Berufung eines Predigers hat, dem liegt daran, wirklich die Seele zu erreichen. Wir haben von Predigten gehört, bei denen sich Leute scharenweise ansprechen ließen, ihr Leben Jesus Christus auslieferten oder sich neu Gottes Plänen öffneten. Und wir möchten uns von Gott genauso kraftvoll gebrauchen lassen. Allerdings bringt diese Art von Predigt nicht unbedingt immer so viel Anerkennung mit sich, wie unser Ego sich das wünscht. Aber es provoziert verschiedene Arten von Revolution: eine Veränderung des Herzens, des Denkens, der Haltung, der Beziehungen. Es bringt Anbetung, Umkehr, Dankbarkeit, Gehorsam und Hingabe hervor. Es kann Menschen dazu bringen, zusammenzustehen, eine neue Richtung einzuschlagen und ein neues Verständnis für ihren Auftrag im Reich Gottes zu entwickeln.

Predige nicht, erzähl einfach …

Was gehört dazu, wenn ich von Predigt spreche, die tiefenwirksam ist und die Seele erreicht? Das Offensichtliche zuerst: Tiefenwirksames Predigen ist Handeln Gottes. Es sollte und kann nicht reduziert werden auf Mechanik oder Technik. »Steh auf und zieh dich an. Dann geh hinaus und sag ihnen, was immer ich dir zu sagen befehle« (Jeremia 1,17), sagt Gott zu dem jungen Jeremia.

Tiefenwirksames Predigen kann genauso aus dem Herzen und Geist eines Gelehrten von Rhodos kommen wie aus dem Mund eines stotternden Menschen ohne Schulbildung. Gott ist in der Auswahl seiner Verkündiger nicht begrenzt. Paulus gehörte zur intellektuellen Elite; Petrus war ein Arbeiter. Beide predigten mit Tiefenwirkung.

Ich denke an den Prediger selbst. Wir leben in einer Zeit, die Transparenz verlangt. Man kann sich nicht als Schauspieler auf die Kanzel stellen und etwas Schönes aufführen. Ein Prediger muss glaubwürdig sein. Sein Glaube muss in den Niederungen des Alltags sichtbar werden. Martin Luther hat einmal sinngemäß gesagt: »Wenn ich in der Stadtkirche predige, mache ich mich klein. Ich schaue nicht auf zu den Ärzten und Direktoren, von denen etwa 40 zu meinem Publikum gehören, sondern ich achte auf die jungen Leute, auf die Kinder und Bediensteten, von denen mehrere Hunderte zuhören. Zu ihnen predige ich. Ihnen passe ich mich an. Sie brauchen es. Wenn die Doktoren auf eine solche Art von Predigt keinen Wert legen, wird sie niemand aufhalten zu gehen.«

Ich war 27 und fast fertig mit dem Seminar, als ich gebeten wurde, in einer Baptistengemeinde in St. Paul zu predigen. Kurz bevor ich die Kanzel bestieg, lehnte sich der alte Pastor plötzlich zu mir herüber und flüsterte: »Siehst du die Leute in der zweiten und dritten Reihe? Das sind die Professoren vom Bethel-Seminar!« Meine Innereien gerieten in Wallung. Hinter mir saß ein fürchterlich streng aussehender Haufen. Was sollte ich bloß predigen, um ihre Anerkennung zu gewinnen? Luthers Worte hätten mir damals geholfen …

Predige nicht, erzähl einfach von Herzen, was du mich hast sagen hören.

Dann hörte ich etwas, was eine direkte Botschaft vom Himmel zu sein schien: »Predige nicht, erzähl einfach von Herzen, was du mich hast sagen hören. Du bist vorbereitet, du bist bereit, also rede einfach!« Im nächsten Moment stand ich oben und sprach ... ruhig, persönlich und so ehrlich, wie ich nur konnte. Ich versuchte nicht, mehr zu sein als jemand von 27 Jahren, der von dem erfüllt ist, was der Text sagen wollte. Irgendwie funktionierte es. Sie hörten zu und es schien so, als ob die Herren Professoren bewegt seien.

»Rede einfach zu ihnen!« Seitdem versuche ich das immer zu tun. Keine Buntglas-Stimme, keine Hochsprache, kein Versuch, anders zu reden, als wenn wir uns im Fast-Food-Restaurant treffen. Einfach reden ... Ruhige, vorsichtig gewählte, wirklich gesalbte (die wichtigste Eigenschaft!) Worte können das Innerste der Seele erreichen. Eine aufpeitschende, emotionsgeladene Stimme hingegen kann zwar Emotionen hervorrufen, eine tief gehende Wirkung jedoch bezweifele ich.

Alte Wahrheit für alle Kulturen

Tiefenwirksam predigen hat auch etwas damit zu tun, die biblische Wahrheit in das 21. Jahrhundert zu übertragen. Eine Herausforderung – aber nicht unmöglich. Gute Ausbildung und Fantasie müssen da zusammenarbeiten. Wie weckt der Prediger die Neugierde einer Gemeinde so, dass sie bereit wird, in einen Text einzusteigen und zu begreifen, warum er geschrieben wurde und was der Autor damit – inspiriert vom Heiligen Geist – sagen wollte?

Die Bibel ist eine alte Wahrheit, die in alle Kulturen und Zeiten hineinspricht. Was aber sagt sie uns Menschen in der Gegenwart? Wie lässt sich diese Wahrheit in das alltägliche Leben am Arbeitsplatz, daheim oder in der Schule übertragen? Welche Veränderung löst es aus? Wie sieht das Leben eines

Menschen heute aus, der sich an der Bibel orientiert? Wir müssen uns vor Predigten in Acht nehmen, in denen Menschen nur beigebracht wird, wie sie im schützenden Käfig der Kirche überleben können. Tiefenwirksame Prediger nehmen das kraftvolle Evangelium und platzieren es in den Kontext der Straßen dieser Welt, wo das Leben hart ist und die Menschen Mut und Weisheit brauchen.

Auch *Dringlichkeit* (viele bevorzugen heute vielleicht den Begriff Leidenschaft) ist ein wichtiges Stichwort, wenn man über tiefenwirksame Predigten nachdenkt. Dabei geht es um einen Prediger, der wirklich glaubt, dass das ewige Schicksal der Menschen von den Themen abhängt, die in seiner Predigt angeschnitten werden. Das ist ein beängstigender Gedanke. Soll ich ehrlich sein? Ich habe nicht unbedingt das Gefühl, dass die Mehrheit der Prediger so redet, als stünde die Ewigkeit auf dem Spiel.

Eine alte Geschichte: Zwei Prediger werden von einer Kommission geprüft. Beide kommen und predigen eine Probepredigt über die Hölle. Einer wird gewählt. »Warum gerade der?«, fragen die Leute. Darauf das Gremium: »Beide haben betont, dass ein Mensch in die Hölle kommen kann. Bei dem einen klang es so, als würde es sein Herz brechen …« *Dringlichkeit.*

Auch auf die *Ergebnisse* einer tiefenwirksamen Predigt müssen wir schauen. Eines ihrer Kennzeichen ist, dass ein Empfinden für die Heiligkeit und Majestät Gottes geweckt wird. Wir haben einen Gott, mit dem wir nicht nachlässig umgehen dürfen. Er muss respektiert und gehört werden. Auch ein Empfinden für die tiefe Liebe von Jesus wird sich entwickeln – eine Liebe, die unwiderstehlich ist und alle Barrieren einer verhärteten Seele überwindet. Jesus muss so gepredigt werden, dass man sich gar nicht mehr vorstellen kann, nicht in Beziehung zu ihm zu leben. Eine weitere Wirkung ist Reue und Umkehr.

Wie kann jemand eine wirksame Predigt hören, ohne davon überzeugt zu sein, dass er Dinge mit Gott in Ordnung bringen muss?

Und auch dies: Erkenntnis, dass ein bestimmtes Verhalten oder eine Einstellung unter der Führung und Ermächtigung des Heiligen Geistes verändert werden muss. Zum Schluss: Die Zuhörer fangen an zu überlegen, wie sie im Namen Jesu etwas verändern können: Menschen dienen, jemanden zu Jesus führen, jemanden zurechtweisen oder auf einen guten Weg bringen, einen Verletzten beschützen. Praktische Konsequenzen …

Den Sack zubinden

Tiefenwirksames Predigen sollte schließlich von einem überzeugenden *Abschluss* geprägt sein. Es verlangt nach jemandem, der den Sack auch zubinden will. Verkäufer benutzen das Wort »Abschluss«, um den Moment zu beschreiben, in dem sie einen Kunden tatsächlich zum Kauf bewegt haben. Ein krasser Gedanke für einen Prediger. Aber wir müssen begreifen, dass es einen Abschluss in einer Predigt geben muss – ein klares Ziel, eine Antwort, von der der Prediger glaubt, dass Gott sie sich von der Gemeinde erhofft. Und dieses Ziel muss klar ausgesprochen werden, damit niemand an dieser Herausforderung vorbeigehen kann. Josua fand einen guten Abschluss: »Wenn ihr aber nicht bereit seid, dem Herrn zu dienen, dann entscheidet euch heute, wem ihr dienen wollt: den Göttern, denen eure Vorfahren jenseits des Euphrat dienten, oder den Göttern der Amoriter, in deren Land ihr heute lebt? Ich und meine Familie werden jedenfalls dem Herrn dienen!« (Josua 24,15).

Die intensivste Form von Abschluss ist es, wenn eine Predigt mit einer Einladung endet. Gelegentlich mache ich das. Aber ich warne die Leute schon im Voraus. Gleich zu Beginn sage ich: »Am Ende dieser Predigt werde ich eine Einladung aussprechen. Ich werde Sie einladen, Ihren Platz zu verlassen, nach vorne zu kommen und sich hinzuknien, damit jemand für Sie beten kann. Wenn Sie dieser Predigt jetzt also zuhören werden, dann behalten Sie im Hinterkopf, dass ich Sie fragen werde, ob Gott zu Ihnen gesprochen hat und ob Sie auf meine Einladung reagieren wollen.« Ich habe noch nie eine solche Einladung ausgesprochen, ohne dass darauf reagiert wurde. Menschen, die so vorgewarnt werden, denken mit großer Ernsthaftigkeit nach. Und sie kommen und erleben darin oft einen Meilenstein auf ihrer geistlichen Reise.

Wir müssen begreifen, dass es einen Abschluss in einer Predigt geben muss – ein klares Ziel, eine Antwort, von der der Prediger glaubt, dass Gott sie sich von der Gemeinde erhofft.

Lange wirksam ist ein guter Predigtabschluss dann, wenn man eine geistliche Wahrheit mit den Erfahrungen verknüpfen kann, die die Leute in der kommenden Woche in ihrem Alltag machen werden. Man kann provozierende Fragen stellen, konkrete Aufgaben geben oder eine Idee vorstellen, die sich in den Alltag einnistet.

Vor einigen Jahren gab es eine Phase, in der ich (es ist mir peinlich, das zuzugeben …) ein wenig die Lust am Predigen verloren hatte. Ein Grund war, dass ich zu oft predigen musste. Es war mir zwar weiterhin sehr wichtig, gute Predigten zu halten, aber mir geriet aus dem Blick, welch ein großer Auftrag und Zweck dahintersteckt und dass es um konkrete Ergebnisse und Frucht geht.

»Wahrscheinlich glaube ich einfach nicht, dass sich irgendjemand durch das, was ich rede, ändert«, sagte ich zu meiner

Frau Gail. »Ich muss mich ganz neu daran erinnern, dass ich predige, um Menschen zu verändern!« Gail hörte mir aufmerksam zu. Und wann immer ich seit diesem Zeitpunkt aufstehe, um zur Kanzel zu gehen, hält sie mich kurz am Arm fest und sagt leise: *»Sei ein Mann gesandt von Gott! Predige für Veränderung!«*

George Fox, der Gründer der Quäker-Bewegung, war ein Mann, der tiefenwirksam predigte. Als er gefragt wurde, was ihn zu einem solchen Menschen gemacht hatte, antwortete er: »Ich habe Menschen zu Jesus Christus gebracht – und ließ sie dort.« Klingt richtig in meinen Ohren.

8 Wie ich mit Charakter leite. Über die Wichtigkeit, nicht ins Wanken zu kommen

Energisch

Der Fall in die Tiefe

Als junger Vater nahm ich meine Kinder öfter mit zum Zirkus. Am Ende einer Vorstellung gab es einen Programmpunkt, auf den wir uns immer besonders freuten: die Show auf dem Hochseil. Einmal trat die Familie Wallenda auf, ein sehr großer Name in der Zirkuswelt. Die Artisten turnten in schwindelerregender Höhe höchst riskante und einmalige Kunststücke. Besonders beeindruckte mich die Pyramide, die aus sieben

Personen bestand. Hoch oben in der Luft liefen sie so über das Seil. Wir alle standen da und sahen gebannt zu.

Einige Tage nach unserem Besuch zog der Zirkus weiter nach Detroit in Michigan. Die Familie Wallenda führte wieder ihre Show auf dem Hochseil auf, doch dieses Mal passierte etwas. Einer der Männer am Fuß der Pyramide konnte die Artisten nicht mehr halten und seine Knie knickten ein. Natürlich brachen darauf alle Artisten zusammen. Zwei von ihnen starben und mehrere wurden schwer verletzt.

Als die Kräfte jedoch nachließen und er fiel, verletzte er nicht nur sich selbst, sondern die ganze Familie.

Der Mann war ursprünglich sicher begeistert davon gewesen, solch ein schwieriges Kunststück aufführen zu können. Als die Kräfte jedoch nachließen und er fiel, verletzte er nicht nur sich selbst, sondern die ganze Familie.

Ich kenne solche Momente auch aus meinem Leben. Zu Beginn unseres Dienstes für Gott sind wir begeistert dabei. Wir wagen sogar zu denken, dass Gott uns dafür gebrauchen kann, eine ganze Stadt zu verändern. Vielleicht wird aus uns einmal so etwas wie ein Zinzendorf. Oder wie ein Luther oder Bonhoeffer. Wir predigen die große Predigt. Wir schreiben das lebensverändernde Buch. Wir bauen die inspirierende Kirche. Und die christliche Geschichte wird niemals mehr die gleiche sein.

Ich selbst habe Ähnliches gedacht, als ich ein junger Pastor war. Ich träumte davon, dass eines Tages das Telefon klingeln – und Billy Graham dran sein würde. Er würde sagen: »Gordon, ich habe Probleme mit meinem Hals und meiner Stimme. Es sind 90.000 Leute da, sie alle warten auf mich. Aber ich kann nicht predigen. Könntest du spontan einspringen?« Dieser Tagtraum zeigt: Ich bildete mir etwas auf mich ein. Der Anruf kam natürlich nie …

Der Fall eines Pastors

Als Pastor und Leiter steht man vor einer großen Herausforderung: Man ist eine tragende Säule der Gemeinde, ähnlich wie der Artist in der Pyramide. Wenn der Pastor fällt, kann er nicht mehr für die Gemeinde sorgen. Ich stehe seit vielen Jahren im christlichen Dienst und bin lange genug dabei, um Leute kommen und gehen zu sehen. Immer wieder habe ich erlebt, dass es Einzelnen schlecht ging und sie Hilfe gebraucht hätten.

Vor etwa 1500 Jahren lebte ein großer Kirchenvater namens Gregor. Er war Papst und somit Vorsteher vieler Geistlicher. Auch er machte sich Sorgen darüber, ob seine Leute durchhalten würden. Er sagte sinngemäß: »Ein Pastor hat schwer damit zu tun, die Wunden seiner Leute zu heilen – aber er darf niemals seine eigene Gesundheit darüber vergessen. Er kann es sich nicht leisten zu fallen, wenn er doch andere tragen soll. Schau dir die Stellen in deinem Leben an, an denen du dich stark und selbstbewusst fühlst. Genau das sind die Stellen, wo es am wahrscheinlichsten ist, dass du versagen wirst.«

Vor etwa 20 Jahren musste ich beim Einlass zu einer großen Veranstaltung Schlange stehen. Es ging nur sehr langsam vorwärts und der Abend hätte schon längst anfangen sollen. Ein Mann hinter mir, den ich nicht kannte, fragte mich: »Herr MacDonald, wenn der Satan versuchen würde, Ihren Dienst zu zerstören, wie würde er das machen?« So eine Frage stellt wirklich nur ein Amerikaner. Ich fand sie sehr merkwürdig. Zu dem Zeitpunkt meines Lebens hatte ich darüber noch nie nachgedacht und hatte keine Antwort parat. Nach zwei Minuten allerdings hatte ich mir etwas überlegt und sagte zu ihm: »Ich bin nicht sicher, wie der Satan das tun würde. Aber ich kann dir sagen, wie er es niemals machen würde: Er würde niemals in der Lage sein, meinen Dienst durch meine persönlichen Beziehungen zu zerstören.«

Ich war überzeugt davon, dass Beziehungen meine Stärke waren. Doch ich lag falsch, denn genau an dieser Stelle zerstörte der Satan mein Leben fast.

Timotheus in Ephesus

Auch Paulus machte sich Sorgen um einen seiner Pastoren. Im 1. und im 2. Timotheusbrief findet man einige erstaunliche Bemerkungen. Es wirkt so, als wolle Paulus nicht einfach lehren, wie man ein guter Leiter ist. Er sieht die Seele von Timotheus und versteht, dass dieser Mann unter starker Bedrohung leidet. Timotheus war Pastor in Ephesus – ein Dienst, den Paulus ihm offensichtlich übertragen hatte. Er schreibt an Timotheus: »Als ich nach Mazedonien aufbrach, bat ich dich, in Ephesus zu bleiben« (1. Timotheus 1,3).

Warum bittet Paulus ihn, dass er bleiben soll? Timotheus sollte anscheinend auf keinen Fall von Ephesus weggehen. Ich glaube, Timotheus war sich nicht sicher, ob er es noch länger dort aushalten würde. Jeder wäre vermutlich stolz gewesen, dort Pastor zu sein. Es war eine der größeren Gemeinden im Neuen Testament. Paulus musste ihn aber zum Bleiben überreden.

Einer der Gründe könnte gewesen sein, dass der Dienst in Ephesus sehr schwierig war. Ephesus war ein Ort mit einer anderen Kultur, es roch förmlich nach Unmoral und Lastern. Man konnte nicht durch die Straßen gehen, ohne dass einen die sexuellen Versuchungen überfielen. Es war eine sehr heidnische Stadt, die sehr an Materiellem orientiert war. Wenn es irgendwo Reichtum gab, dann dort. Sehr häufig waren die

Leute aggressiv. Allein dort zu arbeiten, verletzte Timotheus' Seele schon. Ich kann mir gut vorstellen, wie er aus seinem Haus ging, die Stadt sah und sich fragte: »Wie kann ich hier nur einen Unterschied machen?«

Auch die Gemeinde in Ephesus war schwierig. Ihre christliche Kultur war in die größere Gesellschaft eingebettet. Die Gemeindemitglieder waren gut darin, übereinander zu schwatzen und schlechte Dinge zu erzählen. Viele von ihnen wollten gerne nach oben aufsteigen und Leiter sein. Sie wollten lehren und wussten doch selber nicht genug. Es gab eine Menge jüdischer Rechtgläubigkeit und ganz offensichtlich auch viel geistlichen Kampf. Mysteriöse Dinge, die man nicht erklären konnte. Es war eine unglaublich problematische Gemeinde, die einen Pastor wirklich zerreißen konnte.

Ein dritter Grund könnte in Timotheus selbst gelegen haben. Das Netteste, was man über ihn sagen kann, ist, dass er ein guter Pastor war. Paulus schreibt über ihn an die Philipper: »Es gibt niemanden, den ich kenne, der sich besser um euch kümmert als er« (Philipper 2,20). Das sind wunderbare Worte. Aber wenn man in den 1. und 2. Timotheusbrief hineinschaut, ergibt sich ein anderes Bild. Dort wirkt er wie ein unentschlossener Mann, der schnell Angst bekommt. Jemand, der nicht gern über die Wahrheit in Liebe predigen möchte. Der sich viele Sorgen um sich selbst macht und um dessen Gesundheit es nicht zum Besten bestellt ist. Ich habe Zweifel an ihm. Ich bin nicht sicher, ob dieser Typ für eine so harte Welt der richtige ist. Deswegen sind Paulus' Ermutigungen so wichtig! Dieser Timotheus ist in Gefahr, aufzugeben. Er ist wie der Mann auf dem Hochseil, dessen Knie anfangen zu zittern. Die Frage ist: Kann er seine Position behaupten, hält er durch?

Wie man nicht ins Wanken gerät

Viele von uns sind wie Timotheus. Wir haben Träume, fühlen uns von Gott gerufen – aber fragen uns früher oder später: Halten wir das durch?

Wie kann er es verhindern, ins Wanken zu geraten und tief zu fallen?

Sehr interessant ist, was Paulus an Timotheus weitergibt: Was kann seinen Charakter aufbauen? Wie kann er sein ganzes Potenzial entfalten? Und wie kann er es verhindern, ins Wanken zu geraten und tief zu fallen? Sechs Dinge sagt Paulus zu Timotheus:

1. Stelle sicher, dass du deine eigene Geschichte kennst!

Wir wachsen, wenn wir zurückschauen und uns klarmachen: So hat Gott mich geformt.

Paulus blickt in seinem Leben häufiger zurück in die Vergangenheit. Er geht sehr offen damit um, wie seine Geschichte verlaufen ist. In etwa sagt er: »Ich schaue zurück zu dem Tag, als Gott mich gerufen hat, als er mir die Gabe seines Sohnes Jesus Christus gegeben hat. Und ich schaue zurück zu dem Tag, als er mir die Aufgabe anvertraute, seine Kirche zu bauen. Ich denke an den Mann, den er gewählt hat. Er war ein Gotteslästerer, der andere verfolgt hat. Er war gewalttätig und der Schlimmste aller Sünder« (vgl. 1. Timotheus 1,12-17).

Diese Aussagen von Paulus sind unglaublich bedeutsam. 34 Jahre lang war er Pharisäer. Er verwendete alle seine Energie darauf, den Leuten zu sagen, wie gut er war. Und auf einmal meint er: »Das ist meine wahre Geschichte und sie ist voll von Gotteslästerung, Verfolgung und Gewalt. Ich kann meine Vergangenheit nicht vergessen und sie gehört zu mir dazu. Aber dennoch hat Gott mich gerufen.«

Charakter beginnt mit der eigenen Geschichte, doch wie

sieht sie genau aus? Wie sehr spiegeln wir die Kultur, in der wir leben, wider? Oftmals denken wir nicht daran und vergessen, wie es war, als wir uns bekehrten. Als sich unser Leben für die Fülle des Evangeliums öffnete. Wir müssen wieder und wieder in unsere Vergangenheit zurückgehen und die Schönheit dieser Erfahrung von damals wiederentdecken.

Timotheus hatte eine ganz andere Geschichte. Auf ihre Art und Weise ist sie genauso schön. Paulus schreibt ihm: »Ich weiß, dass du dem Herrn aufrichtig vertraust, denn du hast den Glauben deiner Mutter Eunike und deiner Großmutter Lois« (2. Timotheus 1,5). Über drei Generationen der Familie hinweg hatte der Glaube Bestand: »Timotheus, mach dir das klar: Da ist so viel Glauben! Wie Gott dich geführt hat durch all diese Jahre! Lass dich daran erinnern, dass Gott schon immer seine Hände über deinem Leben hatte. Und wenn deine Knie mal schwach werden, wenn du denkst: ›Ich halte nicht mehr durch!‹, dann erinnere dich an die Schönheit deiner Geschichte! Gott ist in ihrem Zentrum.«

2. Orientiere dich an dem Vorbild anderer!

Das Zweite, was Paulus Timotheus mitgeben möchte: »Deine Stärke liegt in unserer Beziehung.« In seinem Brief schreibt er Folgendes: »Aber du hast dich an das gehalten, was ich gelehrt habe, Timotheus, und hast dir die Art, wie ich lebe, und meine Ziele zu eigen gemacht. An meinem Glauben, meiner Geduld und meiner Liebe hast du dir ebenso ein Beispiel genommen wie an meinem Durchhalten im Leiden. Du weißt, wie viel Verfolgung und Leid ich ertragen habe und wie ich in Antiochia, Ikonion und Lystra verfolgt wurde – aber der Herr hat mich aus allem errettet« (2. Timotheus 3,10-11).

Paulus sagt hier ganz klar, dass er selbst ein Vorbild und eine Inspiration für Timotheus war. Er rät ihm quasi: »Timotheus, wenn deine Knie schwach werden, wenn du denkst, du hältst nicht mehr durch, dann erinnere dich doch daran, was wir schon gemeinsam durchgemacht haben! Es gibt nichts Schwierigeres als das, was wir bereits hinter uns haben! Und du kannst sehen, wie ich mich in so bedrückenden Situationen verhalten habe. Genauso wie ich damals sollst du dich jetzt verhalten: Bleib in Ephesus!« (vgl. 2. Timotheus 3,14).

Meine Mutter starb vor 29 Jahren. Ich rief daraufhin eine Frau aus unserer entfernten Verwandtschaft an, die ich nie zuvor getroffen hatte. Wir hatten keine engen Beziehungen zur Familie meiner Mutter. Und so sagte ich zu dieser Frau, meiner Cousine: »Meine Mutter ist gestorben.«

Und die Cousine erwiderte: »Aha. Das überrascht mich nicht. In unserer Familie geben die Leute immer auf.«

»Was meinst du damit?«, fragte ich. Meine Mutter war die Jüngste von acht Kindern gewesen. Sie waren als junge Familie aus Schweden nach Amerika gekommen.

Sie antwortete mir: »Weißt du, in dieser Familie hat man nie Feindschaft oder Gegnerschaft ausgehalten. Wenn das Leben hart wurde, hat man angefangen zu trinken. Ist man mal krank, schon stirbt man.«

Ich dachte daraufhin viel über ihre Worte und über das Leben meiner Mutter nach. Meine Mutter hatte mich sehr geliebt, aber tatsächlich hatte sie nicht viel zu Ende gebracht. Einige Arbeiten an unserem Haus begann sie, um dann einfach in der Mitte aufzugegeben. Sie hatte verschiedene Berufe ausgeübt, aber nie lange. Die Leute hatten sie geliebt, auch weil sie sehr schön war, sehr charmant. Aber ihr Leben war irgendwie in Stücke zerbrochen. Als ich so über meine Mutter nachdachte, kam mir die Frage: Habe ich irgendetwas von ihr geerbt? Ich spürte selber ganz oft in meinem Leben den Impuls, aufzugeben, wenn etwas schwierig wurde.

Wenn Leute gegen mich waren, wenn Dinge zu ermüdend wurden, hätte ich am liebsten alles hingeschmissen. Ich wäre gerne weggelaufen und hätte etwas anderes gemacht. Gab es da vielleicht ein »Aufgeber-Gen« in mir? Hatte ich das von meiner Familie geerbt?

Wenn Leute gegen mich waren, wenn Dinge zu ermüdend wurden, hätte ich am liebsten alles hingeschmissen.

Der einzige Grund, warum ich dann doch Dinge fertigbekommen habe: Ich hatte Vorbilder, an denen ich mich orientieren konnte und die mir hilfreiche Tipps gaben. Ich heiratete eine Frau, die darauf bestand, dass ich die Dinge abschloss. Ich habe einige Bücher geschrieben, doch ich hätte sie niemals alleine fertig bekommen. Es sind meine Worte, meine Gedanken. Aber dieser Wille, Texte wirklich fertigzustellen, kam von meiner Frau. Und er kam auch von Freunden und von den Mentoren, den geistlichen Vätern, die Gott mir gab.

Wenn ich Paulus höre, wie er Timotheus' Seele aufbaut und das anspricht, was er in ihm sieht, dann verstehe ich auf einmal: Das bin ich auch. Die Gnade Gottes hat mich mit Personen wie Paulus umgeben, sodass ich nicht aufgab. Ich konnte dieses Gen überwinden, weil Gott mir durch andere Menschen gezeigt hat, was es heißt, durchzuhalten.

3. Habe Disziplin!

Es gibt noch etwas Drittes, was man in den Timotheusbriefen sehen kann. Paulus sagt zu ihm: »Habe Selbstdisziplin!« (vgl. 1. Timotheus 4,6-16). Mit anderen Worten: »Werde tüchtig wie ein guter Soldat. Sei fit wie ein großer Sportler. Arbeite hart wie ein Landwirt. Sei so vorsichtig wie ein Geschäftsmann, der einen Kredit vergeben hat.« Man sieht, wie das quer durch die beiden Briefe immer und immer wieder betont wird.

Paulus zeigt Timotheus all die Momente im Leben, wo Menschen hart arbeiten und diszipliniert sind.

Disziplin zu üben, fällt den meisten Menschen nicht leicht und auch ich hatte meine Schwierigkeiten damit. Vermutlich genau deswegen schrieb ich viel darüber; ich musste an dieser Stelle selbst noch viel lernen. Meine Frau Gail hingegen ist von Natur aus sehr gewissenhaft. Wenn man sie bittet, etwas zu tun, dann passiert das auch. Sie hat nie Probleme mit Abgabeterminen – sie ist sogar immer schon viel früher fertig. Darauf bin ich neidisch. Abgabetermine sind nicht wirklich meine besten Freunde.

Ich musste mein ganzes Leben lang lernen, mich zu disziplinieren – körperlich und intellektuell. Ich musste mich bemühen, in meinen Beziehungen treu zu sein. Auch mein Ego musste ich zurückhalten, damit es nicht übergroß wurde. Vor allem in meiner Anbetung zu Gott musste und muss ich weiterhin Disziplin üben. Ich kann daher Timotheus sehr gut verstehen; ohne Disziplin hält man nicht durch.

Immer wenn ich nach Deutschland komme und über dieses Thema rede, kommen Leute hinterher zu mir und sagen: »Das ist gut!«, und andere meinen: »In unserem Teil der Welt ist Disziplin ein schwieriges Wort. Wir mögen es nicht gerne, denn das Thema kann auch missbraucht werden.« Ich verstehe, warum einige so denken. Doch man muss aufpassen, solche Bedenken nicht als Entschuldigung dafür zu gebrauchen, nicht diszipliniert zu leben. Wer immer es in der Bibel zu etwas brachte, schaffte es dadurch, dass er die Selbstkontrolle über sein Leben und über die Sünde gewann. Er schaffte es durch die Kraft des Heiligen Geistes und durch die Liebe zu Jesus.

Man muss eine disziplinierte Person sein – sonst werden die Knie irgendwann einbrechen und man wird es nicht schaffen, durchzuhalten.

4. Sei exzellent in dem, was du tust!

Die vierte Sache, die Paulus zu Timotheus sagt: »Timotheus, ich möchte, dass du versuchst, wirklich exzellent zu leben.« Im zweiten Brief an Timotheus schreibt er: »Meide alles gottlose, dumme Geschwätz, das nur zu noch mehr Gottlosigkeit führt« (2. Timotheus 2,16). Mit anderen Worten: »Setz alles daran, dass Gott in dir einen zuverlässigen Arbeiter findet und du dich für nichts schämen musst.«

In Ephesus gab es diese wunderbaren Figuren, die handwerklich hergestellt und auf dem Markt verkauft wurden. Künstlerisch gesehen war die Stadt sehr fortschrittlich. Wenn man die besten religiösen Statuen kaufen wollte oder die schönsten Vasen und Gefäße, ging man zu Handwerkern auf dem Marktplatz von Ephesus. Der Standard war hoch. Es gab Handwerker-Gilden. Doch man wurde nur aufgenommen, wenn man eine Prüfung ablegte und so gut war wie die Besten. Das ist es, was Paulus Timotheus sagen möchte: »Timotheus, es gibt keinen Raum für halbe Sachen oder Mittelmäßigkeit in deinem Leben.«

Wir müssen die Gefäße für die besonderen Anlässe sein, denn wir wollen exzellent für Gott arbeiten.

Natürlich gibt es immer Leute auf der Welt, die etwas besser können als wir. Bessere Evangelisten, bessere Prediger, bessere Seelsorger. Wir müssen aber nicht mit ihnen in einen Wettbewerb treten, sondern wir brauchen einen Maßstab nur für uns selbst. Dieser Maßstab ist die Exzellenz Gottes. Nicht die eigenen Eltern oder andere Menschen aus dem Umfeld geben die Richtung vor. Gott alleine ist der Maßstab, ihm wollen wir gefallen und für ihn geben wir unser Bestes. Deswegen sagt Paulus: »Es gibt in einem Haus zwei Arten von Gefäßen. Es gibt Tongefäße für besondere Anlässe und Tongefäße für den gewöhnlichen Gebrauch« (vgl. Römer 9,21-24). Die Töpfe für den gewöhnlichen Gebrauch nahm man für die schmutzigen Arbeiten. Aber die Gefäße für besondere Anlässe nahm man, um den Tisch zu decken, wenn Gäste kamen. Das ist es, worum es geht. Wir müssen die Gefäße für die besonderen Anlässe sein, denn wir wollen exzellent für Gott arbeiten.

5. »Flieh die Sünde!«

Paulus sagt weiter: »Timotheus, ich möchte, dass du sehr gut auf die Sünde achtest, die rings um dich ist. In deiner Umgebung wird gelästert und schlecht geredet. Du lebst in einer Welt voller Gewalt und Materialismus. Da gibt es Leute, die Geld lieben und alles dafür tun würden. Und du lebst in einer Welt voller Unmoral – Leute geben sich ihr beständig hin« (vgl. 2. Timotheus 2,14-23). Und dann sagt er sehr klar: »Meide das alles! Lauf weg davon! Reinige deine Seele, sodass diese Dinge dich nicht in Beschlag nehmen können« (vgl. 2. Timotheus 2,22). Paulus verbindet das Wort »meiden« mit dem Wort »anstreben«. »Meide die Sünde und strebe Rechtschaffenheit an.«

Was heißt Rechtschaffenheit? Liebe, Geduld, Freundlichkeit, Güte. Diese ganzen Dinge müssen zu einer Leidenschaft von uns werden und wir sollten jeden Tag versuchen, sie zu erreichen.

Ich wuchs in einer sehr gesetzestreuen Gemeinde auf. Es gab ganz bestimmte Regeln, die klar definierten, was Rechtschaffenheit bedeutete. Sie waren fast alle negativ besetzt und handelten von dem, was man nicht tun sollte. Ganz selten ging es darum, was man tun sollte. Eine ganze Zeit lang versuchte ich alles, um die Prägung meiner Gemeinde zu vergessen. Ich wollte einfach nur »normal« sein und wie die anderen Menschen um mich herum. Nach und nach verflachte dadurch mein Gefühl dafür, was Sünde ist. Doch je älter ich werde, umso besser verstehe ich, warum Paulus die Gefahr der Sünde so betonte. Jeden Tag muss ich meine Sensibilität dafür schärfen, was Sünde in meinem Leben anrichtet. Jeden Tag muss ich meine Reaktion auf Ungerechtigkeit und Rassismus überprüfen und darf bei Themen wie Krieg und Konflikt nicht unsensibel werden. Ich darf nicht blind werden für die Probleme der Armen und Kranken. Ständig werde ich in Versuchung geführt – durch Materialismus, durch Sexualität, durch Ausübung von Macht und Kontrolle. Deswegen muss ich jeden Tag die Fähigkeit neu zurückerobern, diese Dinge zu meiden.

6. Halte das Leiden aus!

Ein letztes Prinzip – und wahrscheinlich das schwerste: »Timotheus, halte Verfolgung aus wie ein guter Soldat Christi. Du kannst kein guter pastoraler Leiter sein oder ein Hirte in einem Dienst der Gemeinde, wenn du nicht bereit bist, auch Leiden hinzunehmen« (vgl. 2. Timotheus 4,5).

Christsein ist eine Religion, die eng mit Leid zusammenhängt. Die Männer und Frauen, die vor uns gewesen sind, litten für ihren Glauben. Sie wurden verfolgt, manche von ihnen mussten ihr Leben geben. Andere haben geliebte Menschen verloren. Manche haben ihre finanzielle Sicherheit eingebüßt. Einige sind durch tiefe Täler gegangen und haben sich gefragt, ob sie es je schaffen. Ihren Spuren folgen wir und einige von uns werden leiden müssen. Es ist sogar möglich, dass einige für ihren Glauben sterben werden. Manche werden Freunde verlieren.

Aus jeder Leidenserfahrung heraus hat Gott uns etwas zu sagen.

Wenn ich mir dieses ganze Leiden vorstelle, kommen mir schnell die Tränen. Manchmal möchte ich Gott schreiben und fragen: »Warum ich, Gott? Warum kannst du das nicht wegnehmen?« Ich bin mir nicht sicher, ob ich in meinem Leben viel leiden musste. Ich durchlebte einige wirklich schlimme Momente, aber ich hatte selbst schuld daran. Dennoch lernte ich dabei: Aus jeder Leidenserfahrung heraus hat Gott uns etwas zu sagen. Hätte ich mein Leiden nicht ausgehalten, hätte ich die Beziehung zwischen Paulus und Timotheus nicht verstanden. Und ich wäre in meinem Glauben nicht so stark gewachsen. Die wichtigsten Lektionen unseres Lebens werden aus Schmerz geboren.

Den tiefen Fall verhindern

Zusammengefasst gibt Paulus an Timotheus weiter: »Timotheus, deine Knie fangen an zu zittern? Du möchtest wirklich aus Ephesus weglaufen? Ich habe eine Nachricht für dich: Bleib da! Halte durch und bringe deinen Dienst zu Ende! Ich möchte dir sagen, wie das geht: Erinnere dich an deine Geschichte. Erinnere dich an die Leute in deinem Leben, die dir beigebracht haben, wie man durchhält. Diszipliniere dich. Strebe es an, exzellent zu sein. Sei täglich sensibel dafür, wie Sünde in dein Leben dringen will. Und akzeptiere auch die Tatsache, dass eines Tages Leiden kommen kann. Gewöhne dich daran.«

Zurück zur Zirkusvorstellung mit den Hochseilartisten der Familie Wallenda: Ich habe den Mann vor Augen, dessen Knie anfingen zu zittern und der rief: »Ich kann nicht mehr halten!« Und er fiel und mit ihm fielen auch alle anderen. Genau solch einen Fall dürfen wir nicht geschehen lassen. Es gibt Wege, ihn zu verhindern. Um das zu schaffen, dürfen wir von Paulus lernen.

9 Wie Gott mir eine zweite Chance gibt. Über den Umgang mit Sünde und Misserfolgen

Mit Gail in Cuxhaven

Kann Jesus etwas mit mir anfangen?

Vor vielen Jahren saß ich im Büro unserer Gemeinde, meine Assistentin rief mich an und sagte: »Es ist gerade eine Frau gekommen, die dich für ein paar Minuten sehen möchte.«

»Hat sie denn einen Termin mit mir?«, fragte ich.

»Nein, sie ist gerade gekommen und will dich unbedingt sehen.« Ich schob meine Arbeit beiseite, ging hinaus und lud die Frau in mein Büro ein. Sie war Anfang 30, sah jedoch eher aus wie 45. Ihr Gesicht und auch ihr Körper legten nahe, dass sie ein sehr hartes Leben geführt haben musste. Ich fragte sie, warum sie mit mir reden wolle, und sie erzählte mir: »Ich komme seit zehn Wochen in Ihre Gemeinde, mein Bruder hat mich dazu gezwungen. Ich bin vor einiger Zeit aus dem Krankenhaus entlassen worden, weil ich einen Selbstmordversuch hinter mir habe.« Sie zeigte mir ihre Wunden an den Armen, die schon zu heilen begonnen hatten.

»Wie hat es Ihnen denn bei uns gefallen?«, fragte ich neugierig und sie erwiderte:

»Ich habe mir jede Woche Ihre Predigt angehört. Sie sagen immer, dass es so wichtig ist, zu Jesus zu kommen und ihm sein Leben zu geben. Ich würde das gerne machen! Mein Leben soll völlig anders werden. Allerdings bin ich mir nicht sicher, ob Jesus überhaupt etwas mit mir anfangen kann.«

Ich wollte mir ihre ganze Geschichte anhören und sie erzählte sie mir: »Als ich 16 Jahre alt war, wurde ich schwanger und meine Eltern schmissen mich raus. Ich wohnte dann bei Freunden, eigentlich bei jedem, der mich aufnahm. Mein Kind kam auf die Welt, ein kleiner Junge, und ich musste mich natürlich um ihn kümmern. Mit 18 Jahren arbeitete ich in einer Bar und servierte Drinks. In dieser Zeit lebte ich bei wechselnden Männern, bis ich schließlich bei einem bestimmten

Mann einzog. Er nahm meinen Sohn und mich bei sich auf und die letzten zehn Jahre haben wir bei ihm gelebt. Ich kam in den Kontakt mit Drogen, trank sehr viel Alkohol und wurde alkoholabhängig.« Sie zeigte mir Nadeleinstiche an ihren Armen und erzählte mir viele Dinge, die wir Christen »Sünde« und »böse« nennen würden. Und ergänzte: »Ich kann mir nicht vorstellen, noch länger so zu leben. Ich halte mein Leben nicht mehr aus, aber ich weiß nicht, wie ich mich verändern soll. Will Jesus mit jemandem wie mir überhaupt etwas anfangen? Kann er mich verändern? Ich kann mein Zuhause dort nicht verlassen, denn dieser Mann ist der einzige Vater, den mein Sohn je hatte. Auch ist er die einzige Geldquelle, die ich habe. Kann ich diesen Jesus unter solchen Bedingungen annehmen?«

Ist das Evangelium stark genug, zerbrochene Menschen zu verändern?

Was für eine Frage! Ich war doch nur ein einfacher Pastor und war selbst voller Zweifel. Dabei hatte ich schon so oft über die Kraft Jesu gepredigt und sollte doch glauben, dass sie für alles und jeden ausreicht. Als ich diese Frau aber ansah und ihre Geschichte hörte – war ich mir nicht mehr so sicher und mir kamen viele Fragen. Sie hatte so viele Schwierigkeiten. Hat das Evangelium solchen Leuten irgendetwas zu sagen? Ist das Evangelium stark genug, zerbrochene Menschen zu verändern?

Brüche und Schmerz im Leben

In der ganzen Weltgeschichte begegnen wir Zerbrochenheit. Es gibt zerbrochene Beziehungen zu Gott, zerbrochene Beziehungen untereinander und auch in mir selbst finde ich diesen Zerbruch. Und es gibt drei ganz unterschiedliche Wege, wie Menschen damit umgehen.

Der eine Weg ist Rache. In der Bibel taucht dieses Motiv zum ersten Mal bei Lamech auf: »Ich töte einen Mann, wenn er mich verwundet, und einen Jungen, wenn er mich leicht verletzt. Wenn Kain siebenfach gerächt wird, so soll Lamech siebenundsiebzigfach gerächt werden!« (1. Mose 4,23-24).

Mit anderen Worten: »Wenn ein Mann mich verletzt, werde ich ihn umbringen. Mein Sohn wird seinen Sohn umbringen und mein Enkel seinen Enkel.« Das nennt man Rache und man sieht sie auch heute noch in der Welt. Deswegen ist es so schwer, Frieden herzustellen. Die Menschen lieben die Rache mehr als den Frieden.

Die Bibel hat einen zweiten Weg, mit dem Gefühl von Zerbrochenheit umzugehen. Mose kam und war der Meinung: Das Konzept von Rache wird die Welt zerstören. Deswegen werden wir eine neue Art von Gerechtigkeit leben, und diese sieht so aus: Auge um Auge, Zahn um Zahn, Leben um Leben. Eins gegen eins. Das hat damals ziemlich gut funktioniert.

Doch dann kam Jesus und sagte: Ich habe einen dritten Weg. Er sprach darüber, als Petrus ihm die Frage stellte: »›Herr, wie oft soll ich jemandem vergeben, der mir Unrecht tut? Sieben Mal?‹ ›Nein!‹, antwortete Jesus, ›siebzig mal sieben Mal‹« (Matthäus 18,22).

Wahrscheinlich ist damit eine unendliche Zahl gemeint, alles soll durch Gnade und Vergebung bestimmt sein. Passend dazu lesen wir in Psalm 40 von solch einer Vergebung. Der Verfasser des Psalms befand sich in einer tiefen und schmutzigen Grube, doch Gott zog ihn wieder heraus: »Er stellte mich auf festen Boden und gab meinen Füßen festen Halt. Er legte mir ein neues Lied in meinen Mund, mit dem ich unseren Gott loben kann« (Psalm 40,3-4).

Gnade beginnt bei Menschen, die ganz tief im Dreck stecken. Gott holt sie aus diesem Dreck heraus, weil sie es selbst nicht können. Und dann gibt er ihnen einen festen Stand, eine neue Richtung und ein neues Lied in ihren Mund. Kirche sollte genau so sein. Wir sollten die Leute sein, die das Thema Vergebung am besten umsetzen. Zum einen, weil wir Gnade selber erfahren haben. Und zum anderen, weil Gott uns gebrauchen möchte, um diese Gnade auch anderen weiterzugeben.

Petrus und die zweite Chance

Petrus hatte diese Lektion nötig. Er war einer, der gut mit Worten umgehen konnte, doch sie brachten ihn auch ständig in Schwierigkeiten. An mehreren Stellen kann man das gut erkennen. Als Jesus Petrus sagte, dass er ans Kreuz gehen würde, machte Petrus ganz schnell den Mund auf: »Das wird nie passieren«, meinte er. »Das kann doch nicht sein, du wirst doch nicht so etwas Großartiges hier verlassen, indem du ans Kreuz gehst!« (vgl. Matthäus 16,21-28). Dann kam der Tag, an dem Petrus übers Wasser gehen wollte. Ich kann mir gut vorstellen, wie das damals war: »Ich bin doch tapferer als alle anderen! Herr, ich könnte mit dir auf dem Wasser gehen!« (vgl. Matthäus 14,22-33). Und er war gut genug für fünf Schritte. Ein gnadenvoller Beginn – ein schreckliches Ende. Eine andere Stelle zeigt das ebenfalls: Jesus stand mitten in einer Menge von Leuten, als eine Frau zu ihm kam und den Saum seines Gewandes berührte. Er fragte daraufhin: »Wer hat mich berührt?« Petrus war ganz erstaunt. »Was meinst du mit: Wer hat dich berührt? Jeder hier berührt dich doch!« Er hat einfach nicht verstanden, worum es Jesus ging! Er begriff nicht, was da gerade zwischen Jesus und den Menschen vor sich ging (vgl. Markus 5,21-43).

Petrus wählte oft einen falschen Weg und er ging häufig in die falsche Richtung. Der schlimmste Moment für ihn war allerdings die Nacht des letzten Abendmahls. Eigentlich hatte er gute Absichten, er wollte Jesus ermutigen und aufbauen. Der Abend hatte etwas sehr Bedrückendes und Schwieriges an sich und Petrus verstand das. »Herr, ich möchte, dass du dies jetzt weißt: Wenn niemand bei dir bleiben wird – auf mich kannst du dich verlassen. Für dich werde ich da sein, was auch immer passiert. Ich würde sogar für dich sterben!« (vgl. Matthäus 26,31-35). Was für schöne und wunderbare Worte! Doch so leicht sie Petrus auch über die Lippen gingen, so wenig konnte er sich an sie halten. Ein paar Stunden später wurde er erkannt und es erfüllte sich die Prophezeiung von Jesus: »Noch in dieser Nacht wirst du mich drei Mal verleugnen« (Matthäus 26,34). Und genau das tat er auch, seine Worte waren nichts als Schall und Rauch. Denn als der Druck kam, versagte er. In Lukas 22 steht: »Und Petrus ging hinaus und weinte bitterlich« (Lukas 22,62).

Immer wenn wir Leuten begegnen, sind welche darunter, die bitterlich weinen. was sie brauchen, ist Gnade und eine zweite Chance.

Immer wenn wir Leuten begegnen, sind welche darunter, die bitterlich weinen. Sie stehen Schulter an Schulter mit Simon Petrus. Sie sind zerbrochen und fühlen in sich diesen Geist der Rache. Sie verurteilen sich selbst, doch was sie brauchen, ist Gnade und eine zweite Chance.

Bitterlich weinen

Auch ich habe bitterlich geweint, und zwar insgesamt fünfmal in meinem Leben. Fünfmal habe ich mich selbst zum kompletten Narren gemacht.

Mein erster Job

Das erste Mal war in der Anfangszeit meines Dienstes. Jemand hatte entschieden: Der Mann ist gut geeignet für unsere Jugendarbeit. Ich war erst 24 Jahre alt, doch das erste Jahr lief sehr gut. Alles, was ich anfasste, verwandelte sich in Gold. Jeder war glücklich. Doch schließlich hörte es auf, gut zu laufen. Die jungen Leute waren meiner müde. Ich hatte auf einmal keine Ideen mehr und auch die Eltern merkten es. Es machte keinen Spaß mehr, morgens zur Arbeit zu gehen. Eines Tages sah ich auf dem Boden in einem unserer Gemeinderäume ein Stück Papier. Jemand hatte eine kleine Notiz an seinen Freund geschrieben. Ich hob den Zettel auf und las ihn: »Wenn Gordon nicht bald geht, wird hier die ganze Jugendarbeit zusammenbrechen.«

Diese Worte haben mich tief verletzt. In all meinen Jahren der Ausbildung hatte ich davon geträumt, ein christlicher Leiter zu sein und Menschen zu Jesus zu führen. Doch bereits nach einem Jahr wollten die Leute schon, dass ich die Arbeit verließ. Daraufhin ging ich in mein kleines Büro und erklärte schriftlich meinen Rücktritt. Ich gab auf und fühlte mich mit meinen 24 Jahren als völliger Versager. Im folgenden Jahr arbeitete ich in einer Spedition und weinte wirklich bitterlich. Allein die Gnade Gottes führte mich später in den Dienst zurück.

Ein schrecklicher Streit

Einige Jahre später gab es eine zweite Situation, in der ich bitterlich weinen musste. Ich arbeitete in einem Team, das sich für Evangelisation einsetzte. Es kam zu einem Streit zwischen mir und einem anderen Teammitglied. Er hatte etwas getan, was mir sehr wehtat. Ich merkte so richtig, wie die Bitterkeit in mir hochkam. Und dieses Gefühl in mir war nicht nur ein bisschen Abneigung, sondern wirklich große Bitterkeit gegen diesen Menschen. Vielleicht kann man es sogar Hass nennen. Ich konnte nicht mehr aufhören, an ihn zu denken, und in jeder freien Minute überlegte ich: »Wie kann ich es diesem Menschen heimzahlen, wie kann ich ihn verletzen?«

Das war eine ganz scheußliche Zeit, die einige Wochen lang anhielt. Schließlich kam der Höhepunkt meiner Krise. Ich saß im Flugzeug und war auf dem Weg zu einer Veranstaltung, bei der ich predigen sollte. Mit einem Mal wurden meine ganzen hässlichen Gefühle gegen diesen Mann groß und stark. Doch dann hörte ich eine Stimme wie vom Himmel:

»Wie kannst du an diesem Wochenende die Heilige Schrift predigen, wenn du solche Gefühle hast?« Ich saß hinten im Flugzeug, das fast leer war, und konnte direkt mit Gott reden.

»Aber was soll ich denn machen, Gott?«

»Nun, du kannst versuchen, ihm zu vergeben!«

»Aber ich habe nicht die Kraft, das zu tun!«

»Ich gebe dir die Kraft!«

Ich begann, bitterlich zu weinen. An diesem Nachmittag machte ich eine Erfahrung, die ich nie zuvor gemacht hatte. Es war so, als ob Gott ein Loch in meinen Körper schnitt und alle Bitterkeit aus mir herauskam. Als das Flugzeug landete, fühlte ich mich 50 Pfund leichter und tanzte fast über die Gangway. Ich predigte an diesem Wochenende mit einer Kraft, die ich nie zuvor gefühlt hatte. Hinterher kamen die Leiter dieser Gemeinde zu mir und sagten: »Gordon, du bist ein sehr junger Mann. Aber du hast zu uns mit einem frischen Geist gepredigt. Wir brauchen einen Pastor. Eigentlich haben wir nicht erwartet, dass du der richtige sein könntest, aber: Wärst du bereit, zu uns zu kommen und unser Pastor zu werden?« An diesem Abend hat sich mein ganzes Leben verändert. Oft habe ich mich gefragt: Wo wäre ich heute, wenn ich noch weitere drei Tage mit diesen bitteren Gefühlen in meinem Herzen gelebt hätte?

Meine leere Seele

Einige Jahre später weinte ich ein drittes Mal bitterlich. Die Arbeit in der neuen Gemeinde lief unglaublich gut und wuchs. Doch diese Tatsache wurde mir zum Verhängnis. Ich schlief nur noch wenig und nahm mir keine Zeit mehr für Gebet oder die Bibel. Ich predigte viel und war ständig dabei, irgendwelche Probleme zu lösen. Zusätzlich war ich auf einigen wirklich traurigen Beerdigungen. Eines Samstagmorgens kam ich zum Frühstück und meine Frau sagte: »Es ist lange her, dass du Zeit mit mir und den Kindern verbracht hast!« Ich habe nicht widersprochen, denn ich wusste: Sie hatte recht. Stattdessen fing ich einfach zu weinen an und hörte ganze vier Stunden nicht mehr damit auf. Es war, als würde ich den Verstand verlieren; ich konnte einfach nicht aufhören.

Als es vorbei war, musste ich mich selbst fragen: »Was war da gerade passiert? Was bedeutete das?« Es war fast so, als ob Gott zu mir an diesem Tag gesagt hätte: »So fühlt es sich an, wenn man einen Dienst mit einer leeren Seele tut!« Ich habe mir selbst an dem Tag versprochen – und dieses Versprechen habe ich so gut wie möglich gehalten: Ich werde niemals mehr über meine leere Seele hinwegsehen.

Mein Lebensplan

Ein viertes Mal weinte ich bitterlich, als viele Jahre später eine neue Krise in mein Leben kam. Ich dachte, Gott würde mit mir in eine bestimmte Richtung gehen. Ich war überzeugt, seine Stimme deutlich zu hören und seinen Plan für mich zu kennen. Doch dann kam der Moment, wo das getestet wurde und ich erkennen musste: Ich lag mit meinen Vorstellungen total falsch. In diesem Moment bekam ich unglaubliche Zweifel und schrie zu Gott: »Ich verstehe deine Sprache nicht mehr! All das, was ich den Leuten predige, funktioniert bei mir nicht! Du lässt mich hier wie einen Narren im Regen stehen! Wie soll ich denn andere Leute leiten, wenn ich das selbst nicht auf die Reihe kriege?« Ich weinte bitterlich.

Viele Monate lang hatte ich diese Gedanken in meinem Kopf. Im Nachhinein denke ich: Wie arrogant es doch von mir war, auf diese Art und Weise zu Gott zu sprechen!

Meine Ehe

Es gab noch ein fünftes Mal, wo ich weinen musste. Es fällt mir wirklich sehr schwer, darüber nachzudenken, geschweige denn zu sprechen. Und es wird mir niemals leichter fallen. Vor etwa 20 Jahren brach ich mein Eheversprechen – ein Moment, den ich nicht erklären kann. Ich liebe meine Frau sehr und sie schenkte mir zwei wunderbare Kinder. Auch kann ich mir nicht vorstellen, dass es ein besseres Zuhause als unseres gibt. Und doch gab es in diesem segensreichen Leben einen Moment totalen Versagens. Ich tat mit das Schlimmste, was man in einer Ehe tun kann. Ich kam in direkte Berührung mit der Tiefe der Sünde, die in mir steckt, und betrog die Menschen, die mich am meisten lieb haben. Ich betrog alles, an das ich eigentlich glaubte. 20 Jahre haben nicht ausgereicht, um das zu heilen, was damals in mir zerbrochen ist.

Ich sehe Parallelen zwischen Paulus und mir. Paulus war entsetzt über seine Taten; auch ich war entsetzt. Jeder, der auf diese Weise zerbrochen ist, ist abgestoßen von sich selbst. Wir können nur dann darüber reden, wenn wir Gottes Gnade und Barmherzigkeit erlebt haben. Ich weiß genau, was es heißt, in einer solchen Phase in eine Gemeinde zu gehen. Das Herz ist völlig am Boden und man sucht verzweifelt nach etwas, an dem man sich festklammern kann. Man hofft, dass irgendjemand einem dabei hilft, dass Gott das Leben wieder heil macht.

Doch die Monate vergingen und meine Frau und ich gingen von einer Gemeinde zur anderen. Wir hörten keine einzige Predigt, die uns Hoffnung brachte. Wir hörten kein Gebet, das unseren zerbrochenen Herzen Heilung geschenkt hätte. Oftmals dachte ich an diese Worte aus Jesaja 40: »›Tröstet, ja, tröstet mein Volk‹, spricht euer Gott. ›Redet zum Herzen Jerusalems‹« (Jesaja 40,1).

Ich erinnere mich, dass ich in diesen Tagen dachte: »Wohin kann ich denn nur gehen, um ein aufbauendes, sanftes Wort zu hören? Wo sind Worte der Hoffnung? Wer redet jetzt einmal wirklich über Gnade? Wer sagt mir, dass es morgen einen Neuanfang für mich geben kann?« Denn das brauchten Gail und ich. Aber von den Kanzeln der Kirchen haben wir nichts dergleichen gehört. Doch in Gemeinden sollte es darum gehen, bittere Tränen abzuwaschen. Wir wollen einen Unterschied in unserer Stadt machen und Menschen zu Jesus bringen. Eine trockene Theologie kann dies nicht leisten. Wir müssen den Menschen sagen, dass das Evangelium wirklich Hoffnung bedeutet! Dass sich ein Leben wirklich verändern kann! Können meine Sünden weggenommen werden? Kann Gott mich noch einmal gebrauchen? Das sind Fragen, auf die man Antworten braucht.

In Gemeinden sollte es darum gehen, bittere Tränen abzuwaschen.

Petrus und die Gnade Jesu

Auch Petrus war auf der Suche nach solchen Antworten. In Johannes 21 lesen wir, dass er all sein Selbstvertrauen verloren hatte, weil er Jesus verraten hatte. Er wusste nicht, was er mit seinem Leben noch anfangen sollte, daher sagte er sich: »Okay, dann werde ich eben wieder Fischer.«

Es klingt fast so wie eine Wiederholung der Geschichte, wie wir sie aus Lukas 5 kennen: kein Fisch da. Eine schlimme Nacht. Doch dann hörte Petrus im Morgennebel auf einmal eine Stimme vom Ufer her: »Leute, habt ihr Fische gefangen?« Einer der Jünger antwortete: »Das klingt wie die Stimme von Jesus!« Genau das musste Petrus hören. Er sprang sofort aus dem Boot und schwamm an Land.

In meinem eigenen Herzen bin ich diese Strecke mit Petrus schon oft geschwommen. Man kann sich sehr gut vorstellen, was währenddessen in ihm vorging: »Wie wird Jesus reagieren, wenn ich zu ihm komme? Wird er mir sagen, dass er mich aus dem Team schmeißt? Dass ich nicht länger ein Leiter sein kann? Dass ich die Prüfung für Leiterschaft völlig vermasselt habe? Wird er sich rächen?« Und dann traf Petrus Jesus.

Die folgenden Gedanken stehen nicht in der Bibel, doch ich kann mir gut vorstellen, dass es so ähnlich geschehen ist. Ich sehe, wie Jesus in die Wellen geht, die sich kurz vor dem Strand brechen. Wie die beiden Männer vielleicht bis zum Bauch im Wasser stehen und sich dann umarmen. Wie Petrus zusammenbricht und sein Gesicht an Jesu Brust verbirgt. Wie das Schluchzen seinen Körper schüttelt. Und ich höre die Worte, die er in Jesu Ohren flüstert: »Es tut mir so leid! Ich wusste nicht, wie schwach ich bin! Ich würde das alles so gerne rückgängig machen, von vorn beginnen! Kannst du mir je vergeben?«

Petrus wartet, was Jesus jetzt wohl tun wird. Und im nächsten Moment habe ich ein wunderbares Bild vor Augen: Jesus macht ein Feuer und bereitet darauf ein Frühstück zu! Der Sohn Gottes, der Prinz des Himmels und der König des Königreichs – er macht Frühstück für Simon Petrus. Gibt es eine schönere Vorstellung? Und dann stellt Jesus dem Petrus dreimal die Frage: »Petrus, liebst du mich? Liebst du mich? Liebst du mich? Dann weide meine Lämmer. Pass auf meine Schafe auf. Ernähre sie.« Jesus gibt ihm eine zweite Chance. Und er vergibt ihm nicht einfach, sondern er sagt: »Petrus, hier ist deine Zukunft! Es gibt ein Morgen! Du wirst ein größerer Mann sein und ich werde dich gebrauchen!« Jesus war ein guter Leiter und versagte nicht. Er wurde von Petrus enttäuscht, litt unter großen Schmerzen und trotzdem glaubte er an ihn. Er wusste: Der Moment war gekommen, an dem Petrus reif dafür war, diese Rolle auszuführen.

Die zweite Chance

Dieses Bild von Leiterschaft versuche ich, in mein Leben zu integrieren. Als die abhängige und verletzte Frau zu mir ins Büro kam, fragte sie mich nach einem neuen Leben. Zuerst war ich voller Zweifel, doch dann sagte ich zu ihr: »Ich möchte, dass Sie Jesus heute in Ihr Leben aufnehmen. Ich wünsche mir, dass Sie jetzt neben dem Sessel niederknien, Jesus in Ihr Leben lassen und um einen Neuanfang bitten. Und ich möchte, dass Sie dann nach Hause gehen und Ihrem Mann eine Frau sind. Lieben Sie ihn, wie Jesus ihn liebt. Und dann lassen Sie uns sehen, was passiert.«

Genau das tat die Frau. Sie kniete neben dem Sessel nieder und schüttete unter Tränen Gott ihr Herz aus. Danach ging sie nach Hause. Ganze sechs Monate lang besuchte sie Gail und mich und oftmals kam sie mit Tränen. Ihr Mann machte ihr das Leben sehr schwer und machte sich über ihren Glauben und die Gemeinde lustig. Doch dann war Ostersonntag und sie kam in unseren Gottesdienst. Mir fiel auf, dass sie einen Mann dabei hatte. Ich wusste sofort, wer das war. Ich bemühte mich darum, ihm nach dem Gottesdienst über den Weg zu laufen. Wir schüttelten uns die Hände und ich lud ihn noch in der gleichen Woche zum Mittagessen ein.

Wir trafen uns in einem Restaurant. Als ich reinkam, hatte er schon zwei große Drinks getrunken. Wir unterhielten uns einige Stunden und ich merkte, wie sein Herz anfing zu schmelzen. Dieser Mann brauchte ebenfalls eine zweite Chance und nach ein paar Tagen gab er sein Leben tatsächlich Jesus. Zwei oder drei Wochen später erzählte er mir von seinem Plan, seine Partnerin zu heiraten. Ich beschloss, die beiden bei sich zu Hause zu trauen.

Als Gail und ich in ihre Wohnung kamen, öffnete uns ein halb betrunkener Mann mit einer großen Bierflasche in der Hand. Wir betraten die Wohnung und trafen auf die dreißig, vierzig merkwürdigsten Typen, die ich je gesehen habe. Jeder von ihnen hatte eine Flasche oder ein Glas in der Hand, außer der Braut und dem Bräutigam. Doch dann kam der wundervolle Moment, in dem ich die Bibel aufschlug und über die Bedeutung einer christlichen Ehe sprach. Ich betonte die Möglichkeit der zweiten Chance im Evangelium und all diese Leute hörten zu. Ich glaube nicht, dass sie so etwas jemals zuvor gehört hatten.

Am nächsten Sonntagmorgen saßen sechs oder sieben von ihnen in der zweiten Reihe in unserer Gemeinde. Einige von ihnen fanden später zu Jesus. Zwei oder drei von ihnen wurden sogar Leiter bei uns. Daran sieht man, warum diese zweite Chance so wichtig ist. Sie ist biblisch und wir alle dürfen sie erleben.

Zweite Chancen annehmen

Auch viele von uns kämpfen mit Abneigung oder Hass. Viele von uns führen eine Ehe, die nicht mehr funktioniert. Die Seele ist leer und sie möchten am liebsten ganz aufgeben. Viele von uns haben auch tiefe Zweifel und haben keine funktionierende Beziehung zu Gott mehr. Bei einigen liegt der große Fall vielleicht auch erst noch in der Zukunft.

Wenn wir eine zweite Chance brauchen, dann müssen wir vor Gott auf die Knie gehen.

Möglicherweise fühlen Sie sich angesprochen? Wenn wir eine zweite Chance brauchen, dann müssen wir vor Gott auf die Knie gehen. Ich war genau an diesem Punkt und kniend bin ich ihm begegnet. Erst einmal fühlt es sich ungewohnt und seltsam an, doch wir müssen ganz praktisch und wirklich auf die Knie gehen. Denn wenn wir das tun, dann kommt die Zeit: die Zeit, in der Gott uns eine zweite Chance gibt und direkt in unser Leben hineinspricht.

Möge der Herr, der Vater unseres Herrn Jesus Christus, mit seiner Kraft auf dir verweilen. Möge die herrliche Liebe Jesu stark werden in deinem Herzen. Möge die ungehemmte Kraft des Heiligen Geistes jetzt auf dich fallen. Möge Gott dein zerbrochenes Herz heilen, dich mit Hoffnung erfüllen und zu ihm ans Kreuz ziehen. Möge er dir eine frische Vision und einen neuen Blick auf dein Morgen geben. Möge er dir helfen, wirklich zu glauben, dass deine Zukunft besser sein wird, als sie je war. Geh mit diesem Segen. Möge Jesus mit dir sein.

Über Gordon MacDonald

Gordon MacDonald wurde am 27. April 1939 in New York City geboren. Am 27. August 1961 heiratete er seine Frau Gail, mit der er zwei Kinder hat. 1962 machte er seinen Bachelor-Abschluss an der University of Colorado, dem vier Jahre später ein Master der Theologie vom Denver Seminary folgte, dessen Ehrenpräsident er bis heute ist. 2011 erhielt er dort auch seinen Ehrendoktortitel.

Er war in vierzig Jahren Hauptpastor von insgesamt vier Gemeinden, 21 Jahre davon an der Grace Chapel, Lexington, Massachusetts und zuletzt an der Trinity Baptist Church in New York City. Außerdem war er von 1985–1987 Präsident der InterVarsity Christian Fellowship und Sonderherausgeber des Leadership Journal, für das er bis heute regelmäßig Artikel schreibt.

Er ist Autor vieler erfolgreicher Bücher, darunter die Bestseller »Ordne dein Leben«, »Du machst mich stark« oder »Ich will meine Gemeinde zurück«. Er spricht regelmäßig auf Leiterschaftskonferenzen weltweit und ist Trainer für Führungskräfte.

Heute leben seine Frau Gail und er in Concord, New Hampshire. Sie freuen sich an ihren fünf Enkelkindern. Darüber hinaus wandern sie gern, fahren Rad, Kajak, fotografieren und sind echte Leseratten.

»Ich bin an dem Punkt im Leben angekommen«, sagt er, »wo ich den Ruf vernehme, ein geistlicher Vater für die jüngere Generation zu sein.«

Weitere Bücher von Gordon MacDonald

Du machst mich stark

Wie unser Glaube widerstandsfähig wird –
Aus der Weisheit eines reichen Lebens

Bewegend, lebensnah, mitreißend: ein Buch, das Ihr (Glaubens-)Leben verändert! Wie kann ich ein erfülltes Leben in Gott führen, Glaubensstürmen begegnen und Anfechtungen überwinden? Diese wichtigen Fragen beantwortet der Bestsellerautor.

Gebunden, 14 x 21,5 cm, 280 S.
ISBN 978-3-417-26626-9
Auch als E-Book e

Ich will meine Gemeinde zurück!

Wenn mein geistliches Zuhause mir fremd wird

Was tun, wenn die Kirchengemeinde, die man liebt, sich so sehr verändert, dass man das Gefühl bekommt, nicht mehr dazuzugehören? Gordon MacDonald beleuchtet dieses Problem am Beispiel einer fiktiven Gemeinde.
Ein Ratgeber, verpackt in eine spannende Geschichte mit liebenswerten Charakteren.

Paperback, 13,5 x 20,5 cm, 302 S.
ISBN 978-3-417-26475-3